산책하시는 하나님

김 기 철

산책하시는 하나님
12년간 제주도에서 무인카페 〈산책〉을 운영하며 하나님과 산책한 이야기

초판1쇄발행 2022년 4월 6일

지은이 김기철
펴낸이 송희진
기　획 우지연
편집팀 임미경 나란히
마케팅 스티브jh
디자인 김선희
경영팀 박봉순 강운자

펴낸 곳 한사람
등록번호 제894-96-01106호
등록일자 2020년 2월 1일
주　　소 경기도 남양주시 평내동 171-1
홈페이지 https://hansarambook.modoo.at
블 로 그 https://blog.naver.com/pleasure20

ISBN 979-11-977001-4-9 (03230)
값 15,000원

ⓒ 저자와의 협약으로 인지는 생략했습니다. 이 책의 저작권은 저자와 독점계약한 한사람 출판사에 있습니다. 무단전재와 무단복제를 금합니다.

차례

프롤로그 … 8

1부 무인의 힘

우린 괜찮은 사람이 아니다 … 14

오버하지 말고 커피나 한 잔해 … 21

그것에 대한 답은 없다 … 26

도무지 알 수 없는 것 … 33

경비원 … 38

타투 … 47

과연 모든 것이 우연이었을까? … 53

무인카페도 단골이 있다 … 61

포스트잇에 답을 달다 … 65

2부 비효율의 세계

망해도 못 망해요 … 74

피난처 … 83

이것 말고 다른 일은 하시나요? … 90

비효율성 … 100

계산은 꼭 그때그때 이루어지지 않았다 … 106

산책하듯 … 113

시간이 지나면 포스트잇은 … 120

커피 로스팅 … 126

3부 지금도 여전히 산책 중

주체할 수 없는 시간 … 135

아침 여행 … 143

현미채식 … 151

마음껏 책 읽기 … 158

어쩌다 올레 … 167

아버님 ⋯ 177

노년을 보다 ⋯ 184

태풍과 〈산책〉 ⋯ 192

4부 무인카페 〈산책〉 포스트잇

그게 나다운 거니까 ⋯ 200

한 번에 다 만들어지지 않는다 ⋯ 206

떠나야 알 수 있다 ⋯ 213

글씨체와 상상 ⋯ 220

그 포스트잇에는 답을 달 수 없다 ⋯ 224

변하지 말자, 변할 수도 없다 ⋯ 229

산책아 사랑해 ⋯ 236

에필로그 ⋯ 242

프롤로그

내 나이 마흔 살,

그러니까 정확히 2009년 11월에 아내와 9살 딸과 함께
서울에서 제주로 이주해 왔습니다.
무슨 특별한 기술도, 어떻게 먹고 살지 구체적으로
계획을 세워 놓고 온 것이 아니라서
당시에 내 안의 걱정과 고민은 한없이 가득했습니다.

그 전까지는 바쁘고 정신없었던 서울의 삶이었습니다.

그러면서 어렸을 적부터 간직했던 신앙도, 내 삶도
어느 순간에 너무나 허무하게 무너져 버렸고
아무도 없는 이곳 제주에서
하나님께서 모든 것을 다시 새롭게 세우실 것을 믿으며

용기 있게 제주로 왔습니다.

그렇게 그 분의 손을 잡고 이끌려 도착한 곳은
한적한 마을 바닷가 바로 앞이었습니다.

그 분은 그렇게 나를
혼자 이곳에 두고 가셨습니다.

밤이면 아무도 없는 깜깜한 곳,
그리고 여름이 되면서부터 시작되는
태풍의 거친 비바람에
나는 두려움 속에서 매일같이 울면서
지냈습니다.

그러던 어느 날이었습니다.

끊임없이 이어졌던 울음을 멈추고
근처 작은 조약돌 하나를 주워

바닷가 바로 앞에 두었습니다.
그 이름이 〈산책〉입니다.
무인카페 산책.

전 그렇게 아주 우연히 무인카페 〈산책〉을 오픈했습니다.

주변 사람들은 누가 거기서 커피를 마시고
또 무인으로 운영하는데 어느 누가 정직하게 돈을 내겠냐며
놀리듯 나를 비웃었지만
긴 세월 정작 문을 닫은 곳은 무인카페 〈산책〉이 아니라
주변의 수많은 다른 곳이었습니다.

3월 1일이 지났으니 만으로 오픈 12년째입니다.
항상 내가 이 카페를 운영하는 줄 알았는데
어느 순간 알게 되었습니다.
하나님께서 무인카페〈산책〉을 산책하시듯
지금도 거닐고 계신다는 것을.

나를 그때 혼자 두고 그냥 가신 것이 아니라는 것을.

하나님께서 산책을 하십니다.

지금도 무인카페〈산책〉 안에서 산책하듯 걸어 다니십니다.
여전히 태풍이 불면 무섭긴 하지만
그래도 지금은 그렇게까지 무섭지는 않습니다.
주님의 그 두 손을 꼭 잡고
같이 서 있다 보면 어느새 태풍은 지나가고
맑은 제주의 가을하늘을 다시 볼 수 있음을
알기 때문입니다.

맞습니다.
그분은 저와 함께 지금 이곳, 애월에서 산책하고 있습니다.

1부

무인의 힘

우린 괜찮은 사람이 아니다

    제주, 애월에서 무인카페 〈산책〉을 운영하고 있다. 사람들은 보통 〈산책〉카페라고 한다. 무인카페라고 해서 24시간 운영하는 것은 아니다. 오전 8시에는 오픈을 하고 밤 10시에는 마감을 한다. 또 주인이 없는 무인으로 운영되기에 발생될 수 있는 변수에 대비해 중간에 한 두번 카페를 체크한다.

    오늘도 점심에 카페에 도착해보니 카페 안에서 한 분의 남성이 이리저리 두리번거리고 있는 모습이 유리창 밖에서 보였다. 보통 손님들이 이렇게 아무도 없는 무인카페에 들어서면 처음은 당황스럽게 생각한다. 반갑게 인사를 하며 맞아줄 주인도, 주문을 받아 줄 종업원도 없다. 그렇게 어찌할 바를 몰라 당황하는 손님들 사이로 내가 카페에 나타나면 주인인 줄 알고 반가워한다.

"돈은 어떻게 지불하는거죠?"

"현금은 이곳에 넣으면 되고 현금이 없으시면 여기에 있는 계좌번호로 이체하면 됩니다."

"아, 그렇군요. 컵은 이쪽 컵을 사용하는 건가요?"

"카페 안에서 마실 때는 이 머그컵을 사용하면 되구요. 테이크아웃 하시려면 이쪽에 있는 일회용 컵을 사용하면 됩니다."

"아이스 커피를 마실건데 어떻게 하나요?"

"냉동실 안에 얼음이 있습니다. 얼음을 컵에 넣고 에스프레소 버튼을 누른 다음 원하시는 농도에 따라 정수기 물을 넣어 주면 됩니다."

카페 내에는 이런 안내 문구가 이미 다 있다. 또 어지간한 센스가 있으면 하나하나 읽어 보지 않아도 금방 대충 감 잡아서 카페를 충분히 이용할 수 있다. 물론 어려움을 느끼시는 분들도 있다. 주로 연세가 많으신 분들이다. 그 분들은 내가 나타나면 무인카페가 바로 유인카페로 바뀐다. 바로 자리에 앉아서 "난 설탕 2스푼"이라고 말한다. 한 분, 한 분 정성스럽게 커피를 갖다 드린다.

"설거지는 우리가 직접 해야 하는 거죠?" 카페에서 우연히 마주치는 나를 보며 간혹 손님들이 물어 볼 때가 있다. 이럴 땐 고민이 된다. 이번만 대신 해주어야 하는 건지 아니면 무인카페 룰을 위해 그건 손님이 직접 하셔야 합니다, 라고 말해야 할지 말이다. 이렇게 무인카페이기 때문에 존재하는 불편함은 분명히 있다. 커피도 직접 내려 마셔야 하고 설거지도 본인이 해야 한다. 하지만 세상 모든 이치가 그렇듯 하나의 단면만이 있는 것은 아니다. 의외로 큰 장점 하나가 있다. 나를 살펴보는, 내가 눈치를 봐야 할 주인이 없다는 것!

"정말 주인이 없네" 하면서 신기해하는 손님들이 있다. 특히 무인카페라는 것을 처음 경험한 사람은 더욱 그렇다. 어제도 우연히 카페 체크를 하다가 마주친 손님 한 분으로부터 "여기 너무 좋네요"라는 말을 들었다. 작고 소박한, 그리고 주인이 없는 무인카페.

반면 평상시 늘 화려하고 세련된 카페에 익숙한 사람들. 묘한 대비가 일어난다. 하지만 대개 카페가 완벽할수록 그 안에서 나는 죽는다. 카페가 화려할수록 자신은 초라해진다. 더욱이 주인이 있다면 말할 것도 없다. 행동을 조심하고 혹시나 실수라도 할까 경계를 한다.

하지만 이 작고 초라한 무인카페 안에서는 정반대의 일들이 일어난다. 내가 살아난다. 오롯이 날 것 그대로의 내가 드러난다. 그래서 무인카페를 하면서 사람들의 심리에 대해 생각을 많이 하게 되었다. 아무도 보지 않는 곳, 그래서 아무런 제한을 받지 않는 곳. 예상대로 손님들은 본성 그대로의 모습을 드러낼 때가 많았다.

손님들이 나를 만나면 제일 많이 하는 질문 하나가 있다. 사람들이 카페를 이용하고 난 후에 돈은 잘 내고 가냐는 것이다. 처음에는 그런 질문을 받으면 질문에 대한 내 나름대로의 답을 했다. "그렇게 잘 지켜지지는 않는 것 같아요. 정직하게 내는 분도 계시고 그렇지 않는 분도 계시지 않을까요?" 등을 말이다.

그러다가 어느 날 그렇게 질문하는 사람들에게 웃으면서 대답 대신 역으로 질문을 다시 해 보았다. 본인 생각에는 잘 내고 갈 것 같은지, 아닌지에 대해서 말이다. 대답은 여러 가지로 나왔지만 주로 잘 안내고 갈 것이라는 의견이 많았다. 사람들은 왜 이런 질문을 하고 왜 이렇게 생각하는 것일까?

질문이지만 어떻게 보면 부정적인 답이 이미 내포되어 있는 것 같은 묘한 질문이다. '분명 잘 안내고 갈 거야'라는 나름의 확신 속에, 혹시 잘 내고 가는 것은 아닐까 하는 의문이 들어서 주인한테 확인하고 싶어 하는 것 같았다. 나는 손님들의 이런 마음을 진심으로 이해한다. 하지만 이것을 마음속 깊이 진정으로 받아들이기 위해서 많은 시간이 필요했다. 손님의 입장에서 단순히 생각하는 것과 하나의 생계수단으로 영업을 하는 주인의 입장은 전혀 다른 문제이기 때문이다. 이용자의 입장과 운영자의 입장은 정말 다르다.

솔직히 우린 부족함을 넘어 치사할 때가 많다. 굳이 속이지 않아도 될 아주 작은 금액을 속일 때가 있다. 주인인 내 입장에서 이 부분은 가장 이해가 되지 않는 문제였다. 좋은 카페에서 5천원이 넘는 커피는 한 치의 망설임 없이 당당하게 지불해도 이곳 무인카페에서 한 잔에 2천원하는 금액은 너무 아까워한다. 카페 내 휴지통에 무심코 버려져 있는 갈치조림 178,000원을 계산한 분이 만약 2천원이 아까워 속였다면 그 사람은 부족한 것이 아니라 치사한 것이 아닐까? 금액이 정확히 써져 있지만 '커피맛이 별로인 거 같은데', '설겆이는 내가 하잖아', '20분만 간단히 이야기하고 가는 건데' 라는 그럴듯한 이유들을 스스로에게 말하면서 가볍게 룰을 어긴다.

러시아 신비주의자인 은자 테오판은 이렇게 말했다. "딱 한 가지만 당신을 일깨우고 싶다. 당신은 머리에서 가슴으로 내려가 그

중심에서 주님의 얼굴 앞에 서야 한다. 주님은 그대 안에 항상 임재하시며 모든 것을 보고 계신다" 라고. 나도 중심에서 주님을 본다. 매일 내 일상에서 나의 모든 것을 은밀히 지켜보시는 주님을.

무인카페를 잘 운영하기 위해서는 독특한 방법이 하나 있다. 손님들의 치사함을 넘어서는 나의 추잡함을 똑바로 대면하는 것이 필요하다. 이유는 알다시피 간단하다. 추잡한 사람은 치사한 사람을 욕할 근거가 없다. 그래야 모든 손님들한테 관대할 수 있고 기쁜 마음으로 이 카페를 운영할 수 있다. 오늘도 주님께서 추잡한 인간에게 다시 기회를 주고 이 카페를 운영하게 하신다.

10년 넘게 무인카페를 운영하면서 수많은 사람을 지켜보았다. 나를 미소 짓게 만든 손님들도 많았지만 나를 절망에 빠뜨린 손님은 그 숫자에 곱에 곱을 더했다. 하지만 그 시간은 결국 나를 지켜보는 시간이기도 했다. 하나님 앞에 은밀히 서 있는 나. 자신을 감시할 주인이 없는 카페 안에서 치사하게 자기 하고 싶은 대로 하는 사람들 속에서 난 동일하게 하나님 앞에서 추잡한 짓까지 서슴지 않고 행하는 내 모습을 보게 된다. 물론 아무도 보지 않을 거라는 착각 속에서. 솔직히 이건 절망감 그 자체였다. 그러다가 회개하고 다시 일어나고 다시 절망하는, 수없이 많은 반복의 반복을 경험했다. 아니 지금도 계속 반복 중이다. 이 긴 시간 동안 난 한동안 꽤 괜찮은 사람으로 지내다가 다시 부족한 사람으로, 그리고 치사한 사람이 되어서 다른 사람들을 판단하고 있다. 그러다가 어느 날 그보다 못한 추잡한 사람으로 떨어지고 결국 다시 하나님 앞에 엎드려 회개한다.

오늘도 나이 지긋하신 70대 중반으로 보이는 어르신한테서 이런 말을 또 들었다. 사람들이 돈은 잘 내고 가냐고. 미소로 대답을 대신하며 올해로 만 12년이 된다는 다소 엉뚱한 대답을 했다. 그분이 깜짝 놀란다. 12년이라는 긴 시간 무인카페를 통해 손님들만 지켜본 것은 아니었다. 말했듯 나를 돌아본 시간이었다. 그러면 내가 할 수 있는 기도는 이것이 유일하다.

주님, 이 불쌍한 죄인을 긍휼히 여기소서.

오버하지 말고 커피나 한 잔해

월요일 아침, 때마침 비가 내린다. 카페를 오픈하다 말고 창밖을 바라봤다. 먼발치에 있는 빨간 등대는 변함이 없다. 매번 누가 일정한 시간을 두고 칠하는 것 같다. 그렇지 않고는 저렇게 늘 선명한 빨간색일 순 없다. 바쁜 월요일 아침에 한가한 등대 소리라니. 만원 지하철, 북적거리는 버스 안, 상사의 잔소리, 업무 브리핑, 계획안 등으로 미칠 지경인데 넌 도대체 어느 나라에서 온 인간이니 하는 소리가 여기까지 들린다.

얼마 전, 예전 서울에서 다녔던 교회 동기 단톡방에 이젠 체력도 못 버텨주고 눈도 안 보이고 흐릿해져서 보고서도 못 보겠다는 친구가 있는데 그 친구가 바라보는 흐릿한 보고서와 내가 지금 보고 있는 저 선명한 빨간 등대는 얼마만큼의 큰 간극을 가지고 있는 것일까?

내게도 그런 뒷골 땡기는 시절이 있었다. 전직이 야채장수였던 나는 매일 아침 아니 새벽부터 전쟁 그 자체였다. 나는 형과 함께 서울에서 야채도매업을 하고 있었다. 형은 도매시장에서 중매인으로 경매를 담당해서 물건을 낙찰받아 내게로 보냈다. 나는 그 물건을 받아 도소매로 팔았다. 철저히 분업화된 시스템으로 가게를 운영하고 있었다. 매일 같이 밤새 낙찰된 물건이 한가득 실려오고 월요일은 특히 물건의 양이 많았다.

우리 가게의 단골은 주로 여의도에 위치한 식당 주인들이 많았다. 당시 도입 초기에 있었던 주5일제는 야채도매의 상황을 많이 바꾸어 놓았다. 사무실이 밀접한 여의도 식당은 거의 대부분 그에 맞추어 주5일만 문을 열었다. 식당문을 열어 놓아도 금요일 저녁부터는 사람들이 썰물처럼 빠져나가 의미가 없었다.

그래서 우리 단골들의 냉장고도 금요일까지 슬슬 재고량을 빼는 식으로 운영했다. 그리고 금요일 오후에는 모든 냉장고들이 텅텅 비게 되었다. 그 텅빈 냉장고를 월요일 아침에는 다시 가득 채워야 했다. 평상시 몇 배에 해당하는 물건이 월요일 아침에 가게에 도착해야 했다. 전쟁도 이런 전쟁이 없었다.

아니 그건 이미 이 분이 사서 돈까지 지불했잖아요.
그걸 가지고 가겠다면 어떡해요.
알았어요. 내일은 꼭 물건 가져다 드릴게요.
가만 좀 계세요. 이 분 먼저 오셨고 이거 계산하고 해 드릴게요.

목이 아프다. 뒷골이 땡긴다. 눈앞이 흐릿흐릿해진다. 이게 끝이라면 얼마나 좋을까? 이런 월요일 아침에 오늘과 같이 비라도 내리는 날이면 그건 이미 전쟁이 아니라 죽음이었다. 모든 물건이 비에 젖지 않게 비닐 포장을 하나하나 다 해야 했다. 양파, 감자, 대파, 상추, 깻잎, 버섯, 파프리카, 미나리 등등. 손님들도 정신이 없고 나도 정신이 없다. 혹시나 잘못 계산이 되진 않았을까 긴장도 극에 달한다. 그래서 월요일 오전 시간이 끝나면 거의 탈진상태였다.

제주에 와서는 바쁘고 싶지 않았다. 그러다 생각해 낸 것이 무인카페 〈산책〉이었다. "무인카페를 한다고?" 나를 아는 많은 사람들이 고개를 갸우뚱했다. 그러면서 조언이라는 이름하에 수많은 말이 내게 전해졌다. 한 마디로 요약을 한다면 "그게 되겠어?"였다. 심지어 카페 오픈을 앞두고 리모델링을 하며 정신없이 바쁜 시간을 보내고 있는 나를 보며 6개월 안에 망하고 갈 거라는 사람도 있었다. 그런데 그 6개월이 6년이 되고 다시 12년을 향해 가고 있다.

> 여호와께서 집을 세우지 아니하시면
> 세우는 자의 수고가 헛되며
> 여호와께서 성을 지키지 아니하시면
> 파숫군의 경성함이 허사로다.
> 너희가 일찌기 일어나고 늦게 누우며
> 수고의 떡을 먹음이 헛되도다.
>
> 그러므로 여호와께서 그 사랑하시는 자에게는
> 잠을 주시는도다
>   시편 127:1-2, 개역한글

나는 이 말씀이 참 좋다. '그러므로'로 시작되는 말씀. 너희들이 뭐라고 말하든, 너희들 생각이 그 어떤 것이든 그건 중요하지 않고 결론적으로 내가 말한다면! 이라고 하는 것 같다. 하나님께서는 사랑하는 자에게 잠을 주시겠다는 것이다.

그래, 나는 이곳 제주에서 잠을 잔다.

하나님 품안에서 졸면서 저 멀리 빨간등대를 본다. 비록 내 손안에는 서울에 있을 때의 비에 젖은 만 원짜리 지폐는 쥐어지지 않았지만 그 텅 빈 손으로 하나님을 더 꽉 껴안으며 잠에 들 수 있다. 그리고 이런 내 모습을 통해 '나는 하나님의 사랑을 많이 받는 사람이구나'라는 것을 느끼게 된다.

나의 시간은 느리게 가고 있다. 카페를 오픈하다 말고 커피 한 잔을 뽑는다. 순간 주님께서 나에게 뭔가 말씀하시는 것 같았다.

"이리 앉아 보라니까."
"아니 아직 오픈 준비가 끝나지 않았는데요."
"알았어, 알았으니까
　오버하지 말고 이리 와서 나랑 커피나 한 잔해."

그것에 대한 답은 없다

 오픈한 지 이제 12년을 넘어선 〈산책〉카페를 보며 간혹 나한테 경의(?)를 표하는 손님들이 있다. "아니, 도대체 그게 가능한 건가요?"라며 직접적으로 묻는 분도 계신다. 그분들의 예상처럼 무인카페는 쉽지 않은 영역이다. 솔직히 보통 사람은 쉽게 할 수 없다. 아니 그럴 이유도 없다.

 요즘에는 무인가게에 대한 관심이 높아져서 "그게 뭐가 대단한가요?"라고 의문을 제기할 수도 있을 것 같은데 〈산책〉카페는 진짜 무인카페다. 그러니까 돈을 자유롭게 낼 수 있다. 무인가게와 같이 카드로 결제를 해야 비로소 원하는 제품이 나오는 시스템이 아닌 그냥 자유롭게 마시고 돈을 낸다. 완전한 무인카페다.

그렇다면 무인카페를 운영하는데 가장 어려운 점은 무엇일까? 사람들은 '돈을 정직하게 내지 않는 것'이라는 경제적인 측면을 우선 먼저 생각한다. 맞다. 그 부분은 큰 부분이다. 하지만 오픈 초기에 나를 최대로 괴롭힌 것은 다름 아닌 '도난'이었다. 세상에는 정말 나쁜 사람이 많구나, 라는 것을 무인카페를 하면서 처음 알게 되었다. 밤에 카페를 마감할 때면 아내랑 "오늘은 어떤 것이 없어졌을까?"라는 예상 문제를 내면서 서로 맞추어 보기도 했다. 정말 지긋지긋할 정도였다. 종목도 다양했다. 믹스커피를 한 움큼 훔쳐 가는 것은 거의 하루걸러 한 번이었다(하도 훔쳐 가서 결국 믹스커피를 카페 음료 종목에서 뺄 정도였다).

카페 내에 비치해 둔 볼펜도 사라지는 단골 메뉴였다. 냉장고 음료수를 통째로 가지고 가서 카페 앞 포구에서 마시면서 수영을 했던 고등학생들도 있었다. 유리병 안 삼각 허브티도 주 타깃이었다. 오전에 가득 채워 놓았는데 점심때가 되면 하나도 남아 있지 않았다. 커피 포트를 통째로 집으로 가지고 간 사람도 있었다(이것도 이젠 카페에 놓지 않는다). 사람들은 그렇게 거리낌 없이 훔치고 또 훔쳤다.

회의가 들 정도였다. 그래도 꾸역꾸역 참고 운영하고 있었는데 결정적인 펀치를 맞았다. 어느 날 돈 통에 있는 돈이 몽땅 없어졌다. 분명 중간 중간 체크하면서 사람들이 커피를 마신 것도 확인하고 허브티도 약간 나가고 음료수도 많이 줄었는데 마감 때 확인을 해 보니 돈이 없었다. 카페 중앙 아일랜드 식탁 옆에 나무로 만든, 제법 크고 무거운 나무 돈 통을 털어 간 것이었다! 벼룩의 간을 빼 먹는다고 이 작은 무인카페 얼마나 판다고 그 돈을 훔쳐 갔을까?

순간적으로 허무함이 밀려왔지만 이런 절박한 상황 속에서도 도대체 자물쇠로 단단히 잠겨 있는 저 돈 통을 어떻게 털었을까? 라는 이상한 궁금증이 들었다. 물론 지금도 밝혀지진 않았지만 아는 지인이 아마 돈 통을 거꾸로 들어서, 돼지저금통에서 돈을 빼 듯이 흔들어 빼가진 않았을까? 라는 추측을 했다. (그래서 그날 밤에 우린 아일랜드 식탁에 돈 통을 나사로 아예 고정해 놓기도 했다.)

'그래. 안 되는가 보다. 이상과 현실은 다른거지.' 라며 처음으로 카페를 접을 생각을 했다. 하지만 그땐 주변 사람들이 말렸다. 그래도 적은 숫자이긴 하지만 무인카페 〈산책〉을 사랑하고 아끼는 사람이 있는데 이렇게 물러나기에는 너무 아쉽지 않느냐, 많은 사람들이 훔치는 것이 아니라 일부의 사람들이 반복적으로 훔치는 것 같으니까 너무 실망하지 말고 차라리 CCTV를 달라고 했다. 그러면 더 이상 두려워서 훔치진 못할 것이라고 말이다.

그래서 다음날 오전 CCTV업체에 전화를 걸고 주문을 하니 업체 사람들이 바로 달려왔다. 1-2시간 만에 모든 시스템이 갖추어졌다. 업체 사장님은 이 하나로 웬만한 도둑놈들은 다 잡을 거라고 호언장담을 했다. 쉽게 믿기진 않았는데 정말 거짓말처럼 CCTV 설치한 다음날부터 도난이 눈에 띄게 줄어들었다. 물론 완전히 없어지기까지 그 뒤로 많은 시간이 더 흘렀다. 그건 전부터 훔쳤던 사람들이 CCTV가 설치된 줄을 모르고 이전과 같이 계속 훔쳤기 때문이었다. 나중에 시간이 지나 결국 그 사람들도 다 알게 되면서 도난은 자연스럽게 사라졌다.

요즘은 거의 CCTV를 보지 않는다. 간혹 내가 집에서 매시간 카페를 지켜 볼 것이라고 생각하는 사람이 있는데 그건 사실이 아니다. 하지만 12년을 넘어가는 지금도 도난이 발생한다. 이건 확인해 봐야 한다는 판단이 서면 그때 비로소 본다. 평상시 CCTV를 보는 일은 거의 없다. 그 이유는 무인카페를 해 본 사람만이 알 수 있을 거 같다. 차라리 안 보는 것이 마음 편하다.

자신이 아끼는

가장 소중한 것이 제일 먼저 없어진다.

　10년 넘게 무인카페를 운영하면서 도난에 대한 이론서 하나를 만들라고 한다면 첫 번째 원리 하나가 바로 이것이다. 하찮은 것이 나중에 없어지고 비싸고 좋은 것이 가장 먼저 없어진다. 물론 우린 이것을 당연히 알고 있다. 하지만 알고 있는 것과 막상 경험하는 것은 또 다른 문제다. 직접 경험하면 꽤 심한 충격과 슬픔에 잠긴다.

　이와 관련된 이야기가 하나 있다. 아직 〈산책〉 카페에 CCTV를 달기 전, 오픈 초기 때의 일이었다. 야채장사만 하다가 전혀 다른 업종인 카페를 한다고 하니 인테리어부터 가구 소품 모든 것들이 다 걱정이었다. 그래서 우린 인테리어를 담당하는 분께 가구부터 소품까지 일괄 주문해서 진행하고 있었다.

　인테리어 사장님은 카페에 어울릴만한 여러 가지 소품을 준비해 주었고 그중에서 우리 부부의 눈에 띄는 것이 하나 있었다. 바로 토끼 커플 인형. 여러 소품 중에 단연 비싸기도 했고 그래서 그런지 누구나 갖고 싶어 할만한 세련되고, 고급스러워 보이는 인형이었다.

"아마 이 물건이 이 카페에서 제일 먼저 없어질걸요."

왜 우리 부부는 그때 그분의 말을 믿지 못했을까? 설마, 설마 하면서도 불안한 마음으로 매일 밤 카페를 마감하러 가면 토끼 인형을 제일 먼저 확인하고 그대로 있는 것을 보고 안심하곤 했는데 결국 며칠이 채 못 가서 인테리어 사장님 말대로 이 카페에서 제일 먼저 없어진 물건이 되었다. 그리고 이것이 앞으로 지속될 거대한 도난의 서막이었다.

사람들은 왜 그렇게 훔쳐 가는 것일까? 아무도 없는 카페 안에서 나는 그렇게 스스로에게 묻고 또 물었다. 너무 답답해서 하나님께 기도로 호소도 해 보았다. 아무런 대답이 없었다. 대신 '세상에 쉬운 일이 없지', '그만 포기할까?', '지긋지긋해' 같은 마음속 좌절과 포기뿐이었다.

그렇게 도난에 대해 지쳐갈 무렵, 멀리 미국에서 소포가 하나왔다. 꼼꼼하게, 정성스럽게 포장된 정육면체의 국제 우편물이었다. 나한테 온 것이 정말 맞나? 하는 궁금함과 함께 다소 의아해하면서 뜯어본 우편물에는 우연하지 않게 인터넷으로 이곳 무인카페의 소식을 듣고 응원 차 편지와 함께 책, CD를 보낸다고 했다.

한 번도 와 보지 않은 곳을 인터넷에서 소식을 듣고 멀리 미국에서 응원차 선물을 보낸다? 이것 역시 나에게는 쉽게 설명되지 않는 것이었다. 끊임없이 이어지는 도난, 그리고 이해할 수 없는 선물. 그때 나는 내 눈앞에 있는 소포를 보며 여러가지 생각에 잠겨 있었는데 그런 나를 보며 문득 선물은 이렇게 말하는 것 같았다.

"사람들은 왜 계속 훔치는 것일까? 라는 질문에

답은 할 수 없어요.

대신 이 선물을 보내요."

도무지 알 수 없는 것

"지난 번에 내가 한 잔 마시고 만 원 냈어요.
 오늘은 세 잔이니까 2천원씩, 다 합해서 8천원.
 아직도 한 잔 더 마실 거 남았어요."

점심때 카페를 체크하고 있는데 인근 공사 현장에서 일하시는 분들이 들어오셔서 커피를 뽑는다. 그러면서 그 중 한 분이 나한테 말했다. 이 분은 몇 번 카페에서 마주쳐서 낯이 익은 분이다. 나이는 60대쯤으로 보이고 제법 큰 키에 균형 잡힌 체구를 가지신 분이었다. 집은 육지에 있고 2-3개월간 제주에 있는 공사 현장에서 현장 관리책임자 일을 맡고 있었다.

커피값은 한 잔에 2천 원인데 무인카페이다 보니 주인이 없어서 거스름돈을 받을 길이 없다. 어쩌다 한 번이면 그냥 기분 좋게 더 내고 갈 수 있겠지만 그분처럼 매번 점심때 단골처럼 올 때에는 계산이 쉽지 않다. 그래서 본인만의 계산을 하고 하나씩 지워가고 있는 것이다. 물론 지금은 핸드폰으로 자유롭게 결제할 수 있는 시스템이 있지만 그런 것에 익숙하지 않으신 분들은 여전히 현금 결제를 선호한다. 나도 재미있게 응수한다. "아~ 그러세요. 착각하지 말고 계산 잘하세요. 제가 잘 기억하고 있을 겁니다." 같이 오신 분들도 재미있다고 함께 웃는다.

무인카페는 이런 본인들만의 계산들이 많다. 우연히 마주쳐서 그분이 나에게 설명을 해 주지 않는다면 알 수 없는, 그래서 어떤 사람 눈에는 돈을 하나도 내지 않고 마시고 가는 듯이 보이는 그런 계산들.

지금도 그분들의 계산법을 천천히 하나하나 알아가고 있다. 빨리 알고 싶어도 알 수가 없다. 무인카페 특성상 주인과 마주칠 확률은 많지 않고 설명이 필요한 사람과 대면할 확률은 더더욱 없다. 그래서 학습이 필연적으로 느리다. 거스름돈에 대한 단점을 조금이나마 해결하기 위해 〈산책〉카페는 핸드폰을 통해 결제할 수 있도록 계좌번호도 적혀 있다. 카카오페이 결제도 가능하다. 초기에는 계좌이체의 비중이 그렇게 크지 않았는데 점점 시간이 지남에 따라 그 비율이 커지고 있다. 몇 몇 나이가 드신 어르신들을 제외하고 이젠 거의 모든 분들이 자유롭게 이체를 하고 카페를 이용한다.

2500원?

입금 알람 소리와 함께 선명하게 찍힌 숫자 2500원. 음... 커피값은 2000원인데 이건 뭘까? 설명이 필요한데 그분은 그렇게 간단히 이체만 하고 카페를 떠났다. 이런 것은 영원히 미제사건으로 남는다. 알 수가 없다. 다 본인만의 계산이고 설명이 필요한데 그냥 가버렸으니 알 수 있는 방법이 없다. 그런데 나중에 알게 되었다. 그날 밤이 되어 카페를 마감할 때 그분이 쓰고 가신 것으로 추정되는 포스트잇. "얼음을 조금 많이 사용했어요. 필요한 데가 있어서요. 얼음값 500원."

에스프레소 샷 추가에 1000원, 어떤 분은 500원. 음료는 안 마시고 화장실 이용료 1000원. 뭐 수도 없이 다양하다. 다 본인만의 독특한 계산법이다. 어떤 날은 700원이 찍힌 날도 있었다. 아니 도대체 700원은 뭐냐고? 이건 도대체 무슨 계산이냐고? 역시 알 길이 없다. 포스트잇도 안 남겨 놓고 700원이라는 이체 숫자만 있을 뿐이다. 우리 부부는 이것에 대해 이야기를 나누었다. 그런데 이해할 만한 무언가가 없어서 딸아이는 알까 싶어 물어보았다. 그랬더니 하는 말이 그건 아마 자신이 가지고 있는 돈을 다 냈다, 뭐 그런 의미라는 것이다. 커피값은 2000원이지만 가진 것을 다 내었으니 봐 달라 이런 뜻이라는 것이다. 뭔가 이것도 잘 납득이 되지 않는다. 여전히 정확한 그분의 뜻은 알 수 없다.

그러던 어느 날, 다른 손님의 설명을 듣고 그때 그 700원의 추측을 하게 되었다.

"커피 두 잔 마셨는데 잔돈이 없어서 우선 2천원만 냈어요. 나중에 집에 가서 나머지 입금하려고 했는데 주인이 오셨으니 거스름돈 있으면 바꿔주세요."

'그래, 아마 현금으로 계산하고 700원이 부족했을거야. 그것을 나중에 이체한 거겠지.' 하지만 앞서 이야기했듯 여전히 정답은 알 수 없다. 이 모두가 무인카페만이 가지고 있는 독특한 비밀들이다. 이런 것들은 비단 금액과 관련된 것만 있는 것이 아니다. 또 다른 것이 있다.

농협입금 4000원
02/14 19:36 356-****-5873-43 소지섭

뭐야? 소지섭? 아니 우리 카페에 영화배우 소지섭이 왔다고? 늦은 저녁밥을 먹다가 놀라서 아내한테 보여주었다. 아내는 웃음과 함께 알 수 없다는 반응을 보인다. 가 볼까? 방에 누워 한창 음악을 듣고 있는 딸아이한테도 보여주며 소지섭이 우리 카페에 왔다고 하니 웃겨 죽겠다고 난리다. 몇몇 지인들은 다음날 가서 CCTV 확인하고 정확한 정보를 달라고도 한다. 그래서 이야기 했다.

그냥 확인하진 않고 조인성이랑 같이 와서
커피 한잔했다고 생각할게.

경비원

　유난히 더운 날씨다. 점심때 카페를 중간 점검하러 가고 있다. 오늘은 일회용컵과 카페에 비치해 둘 음료수까지 들고 가는 상황이라 카페 건물 바로 앞 주차장에 공간이 비어 있길 바랬다. 이런 날씨에 양손에는 무거운 음료수를, 그리고 오른쪽 팔 중간에 일회용컵을 끼고 먼 거리를 돌아가는 일은 무척 귀찮은 일이다.

　짧은 기도를 드리고 해안도로 코너를 돌아서는 순간, 역시 주차장은 만차다. 요즘 들어 주차난은 더욱 심각해지고 있었다. 아쉬운 마음으로 가게 앞을 돌면서 멀리 떨어진 고내 포구 바닷가 앞 주차장으로 향하는 순간 카페 안에 손님이 문득 보였다. 한 팀이 있다. 그렇다면 카페 바로 앞 주차공간에 꽉 차 있는 저 수많은 차들은 도대체 어느 장소, 누구의 차일까? '주님 이 죄인을 긍휼히 여겨주소서' 자동적으로 내 입에 기도문 하나가 흘러나왔다. 불평이 나올 때마다 이 기도문을 외우면 불평이 사라질 때가 많다. 다 필요한 사람들이 주차를 시켜 놓은 것이겠지.

카페 안으로 들어서자 시원한 에어컨 바람에 마음이 차분히 진정된다. 마침 내가 딱 좋아하는 음악도 나오고 있다. 냉장고 안에 떨어진 음료수를 꺼내고 새로 사온 음료수를 넣는다. 얼음도 채운다. 그런데 갑자기 뭔 소리가 들린다. "여기에 붙여 놓은 거 같았는데..." 엥~ 무슨 말? 나한테 한 말인가? 순간적으로 멈칫 했으나 이내 할 일을 한다.

어지간하면 무인카페에서 손님들 쪽은 쳐다보지 않는다. 이유는 몇 가지가 있다. 가장 대표적인 것이 손님들이 주인의 시선을 부담스러워 할 수 있다는 것이다. 주인이 없는 줄 알고 들어온 무인카페에서 갑작스러운 주인의 등장은 그분들에게 예기치 않은 감시자의 등장으로 비춰질 수 있다. 그래서 가급적 손님들한테 불편한 감정들을 느끼게 하고 싶지 않아서 카페 점검은 신속하게, 시선은 그분들 쪽을 향하지 않는다.

예전엔 이런 경우도 있었다. 손님들끼리 무슨 이야기들을 서로 나누고 있었는데 그중에 어떤 말이 꼭 나한테 묻는 것 같았다. 그래서 돌아보며 "예?"하고 쳐다보니 갑자기 분위기가 싸해졌다. 그 이후론 어지간한 확신이 없으면 그냥 모른 척 하고 내 일에 집중한다. 커피머신 쪽으로 가서 커피 찌꺼기도 치우고 허브티도 채울 무렵 다시 한 번 소리가 들렸다.

"혹시 여기에 붙여 놓은 포스트잇 보지 못했어요?" 목소리 톤이 조금 더 높아졌다. 직감적으로 알았다. 이건 나한테 하는 말이구나. 그때가 되서야 손님들을 자세히 보았다. 30대 후반쯤 보이는 남편과 아내, 딸이었다.

"어디에다 붙여 놓으셨는데요?"
"확실치는 않은데 이 근방에다가 붙여 놓은 것 같아요."
"아 그래요. 언제 붙여 놓으셨는데요?"
"한 3년 되었어요."

3년 전? 어제 일이나 며칠 전 일이 아니고? 순간 힘이 빠졌지만 웃음으로 살짝 고비를 넘겼다. 본인도 약간 무리수였나 하는 생각에 멋쩍게 뒤통수를 긁적거리며 웃고 있다. 하지만 아내와 딸아이는 진지하다. 내 눈을 빤히 쳐다보면서 대답을 기다리고 있다. "시간이 지나면 포스트잇은 떨어지는 경우가 많아요. 이번에 새롭게 다시 한번 써보세요." 내 말이 떨어지자마자 딸아이는 재빨리 다시 쓰기 시작한다. 아내는 이 모습을 웃으면서 지켜보고 있다. 하긴 매일 새롭게 쓰인 포스트잇을 보는 나와 3년 만에 와서 한 두 장 쓰고 가며 이 포스트잇이 다시 올 때까지 제자리에 꼭 붙여 있기를 바라는 이분들을 같이 비교할 순 없다. 그래서 이 상실감은 충분히 존중받아야 한다.

일부러 카페 점검을 천천히 했다. 포스트잇을 쓰는 모습이 아름다워 보이고 행복해 보였다. 잠깐 잠깐 내 젊은 시절이 생각나기도 했다. 그러는 사이 다 쓴 포스트잇을 남편이 어디에 붙일까 고민을 하고 있다. 딸아이는 내 것을 먼저 붙이라고 조른다. 남편은 고심한다. 도대체 어디에 붙여야 한단 말인가! 가장의 고민이다. 다음 번에 이곳에 오면 그땐 떨어지지 않고 반드시 붙어 있어야 할 최적의 장소가 과연 어디란 말인가? 이 순간에는 조언을 해야 한다.

"요기 이 창문, 이쪽에 한 번 붙여 보세요."
"여기요?"
"창문에 붙이는 것이 잘 안 떨어져요."

"아! 그렇군요."

 창문에 붙이는 것이 유리하다. 하지만 카페 전면부 창문에 붙이면 안 된다. 거기에 붙이면 손님들의 바다 조망권을 방해하기 때문에 그건 내가 뗀다. <산책>에는 전면부 유리창 말고 측면 두 군데에 유리창이 더 있다. 그곳에 붙이면 된다. 가급적 그 자리도 사람들 손이 덜 타는 가장자리 끝에 붙이면 더 유리하다. 인기가 좋고 바로 눈에 띄는 곳은 다른 사람들도 탐낸다. 그곳은 늘 포스트잇이 떨어지고 다시 붙고 하는 유동성이 심한 자리다.

 남편이 자리에서 일어나 딸아이 포스트잇을 제일 위에 붙이고 그 다음 아내 포스트잇을 붙이고 마지막으로 자신의 포스트잇을 붙였다. 남편은 가장답게 큰 포부를 포스트잇에 썼다. '사랑하는 아내, 그리고 딸 우리 모두 건강하자, 행복하자.~' 아내는 남편에 대한 사랑하는 마음을 가득 담고 다음에 있을 제주 여행에 대한 소망을 썼다. 마지막으로 딸 아이는 냉장고 안 포도 주스가 맛있었다고 마무리 지었다. "아저씨, 우리가 붙여 놓은 포스트잇 꼭 지켜 줄 거죠?" 너무나 귀엽고 앙증맞은 5~6살쯤 돼 보이는 딸아이가 나한테 말했다. "그래. 이건 특별히 아저씨가 매일같이 지켜볼게."

이런 무책임한 약속을 쉽게 해도 되나 싶은데 그냥 하고 말았다. 아이의 눈망울이 너무 진지해서 할 수밖에 없었다. 아이들만 그런 것은 아니다. 젊은 커플도 부탁할 때가 있다. 나한테 거듭 부탁을 한다. 잘 살펴봐 달라고. 어느 분은 직접 보진 않았지만 거의 매년 이곳에 오면 처음 붙인 포스트잇에 이어서 같이 붙여 놓는다. 그 포스트잇을 볼 때마다 난 거룩한 사명감에 불타기도 한다.

 사람들은 나를 경비원으로 생각한다. 그럴듯한 임명장을, 또 월급도 주지 않고 그냥 본인들 마음대로 임명하고 내 두 어깨에 막중한 책임감을 불어 넣는다. 단순히 싫다고 거부하고 무시할 상황도 아니다. 천진난만한 딸아이의 큰 눈망울을 보라! 연인들의 애타는 사랑, 매년 애틋한 추억과 함께 제주공항에서 내리자마자 이곳을 찾아오는 분들의 정성을 생각해 보라. 난 최선을 다해 지켜야 한다. 포스트잇을 지켜야 한다. 언제 기습적으로 찾아와서 나에게 엄청난 청구서를 내밀지 모른다.

 그분들이 가고 난 다시 외로운 경비원이 되어 카페에 홀로 남겨졌다. 아무도 없는 무인카페. 그리고 손님이 별로 없는 한적한 공간의 경비원. 써 놓고 간 포스트잇을 한참을 서서 보았다. 그리고 다시 한번 꾹~ 눌러 단단히 고정한다. '이분들은 3년 만에 왔단 말이지.' 혼자 중얼거린다. 그렇다면 언제 다시 올까? 다시 3년이 걸려서 올까? 아니면 내년에 다시 올까? 아니야 둘째 태어나고 한참을 지나서 오면 7년이 걸릴 수도 있어. 결혼 전 제주여행때 왔다가 육지에서 결혼하고 첫애를 낳고 둘째를 낳고 그렇게 온 사람도 있잖아.

3년 만에...
7년 만에...
10년 만에...

쉽게 써진 저 숫자. 3년, 7년, 10년. 간단히 적힌 숫자를 보면 묘한 기분이 든다. 사실 작년에는 몸서리치는 순간도 있었다. 밤에 혼자 나가 무시무시한 태풍을 보며 카페에 홀로 경비를 섰을 때의 기억. 또 비가 오나 눈이 오나 오전 일찍 문을 열고 밤늦게 문을 닫았던 시간. 수없이 많은 시간들이 한 개의 숫자로 그냥 허무하게 찍혀 버린다.

하룻밤 사랑을 주고 떠난 당신이 내 마음을 알아? 긴 시간 당신은 나를 잊고 지냈잖아요. 그러다가 3년 만에 훌쩍 나타나서 내가 그리웠다고요? 묘한 감정들이 교차한다. 그러게 누가 기다리랬냐구? 나도 한때 그런 생각을 한 적이 있었다. 예전에 이 카페를 오픈하고 손님이 조금 있다는 소문을 듣고 몇몇 무인카페가 주변에 똑같이 오픈을 했었다. 하지만 그 사람들은 이내 버티지 못했다. 몇 년이 지나 금방 냉담하게 식어버린 현실에 서둘러 다른 사랑을 찾아 떠나듯이 가게 문을 닫았다. 사람들은 그것을 보며 내게도 말했다. 너도 이제 문을 닫으라고. 하긴 한때 나도 이놈의 경비 서는 일을 때려치울 생각을 하기도 했었다.

하지만 홀로 카페에 있다 보면 그것이 전부가 아님을 알게 된다. 특히나 이른 시간 카페 오픈 전에, 그리고 아무도 없는 카페 마감 때에 홀로 카페를 거닐다 보면 따스한 마음들이 나를 감싸 안는다. 지금은 이곳을 떠나 다른 일을 하는 것이 상상조차 되지 않는다. 사람이 없을 때 간혹 하게 되는 기도는 더욱 자연스러워지고 편안해진다. 또 문득 문득 이 작은 카페에서 주님의 모습을 보는 것 같은 느낌도 든다.

하나님, 당신은 늘 나와 함께 있었어요.

모든 사람들이 내 곁을 떠나도.

 마흔 살에 아내와 딸을 데리고 아무도 없는 제주에 홀로 와서 그래도 먹고 살고자 이리저리 살펴보다가 오픈 한 것이 바로 이 무인카페 〈산책〉이었다. 당시 작은 교회를 다니고 있었던 나는 몇 명이 안 되는 교인들과 함께 이곳에서 개업 예배를 드렸다. 그때 목사님은 이런 기도를 드렸다.

아무도 없는 이곳
하나님 당신께서 대신 지켜주시길 원합니다.

 난 이 기도를 10년이 넘게 마음속 깊이 간직하고 있다. 홀로 남겨진 경비원이 붙잡을 것은 주님밖에 없었다. 사람들은 그렇게 떠나갔지만 그분은 역시나 사랑이 많으셔서 내 손을 잡아 주셨다. 당신도 떠나실 건가요? 잡은 두 손을 더욱 꼭 잡고 애처롭게 주님을 바라봤다. 그렇지 않다. 난 너를 떠나지 않는다. 저에게 무슨 증표를 보여주실 건가요? 네가 원하는 것을 너에게 보여주겠다. 험하고 외로운 세상에서 경비원은 새로운 소명을 얻었다. 오늘도 여전히 무인카페 〈산책〉의 문은 열려있다.

타투

 무인카페 〈산책〉의 정식 오픈 시간은 오전 9시지만 난 늘 그보다 훨씬 일찍 나간다. 커피를 로스팅 하는 날은 6시 전후로 나가고 보통 때에도 7시 전후에는 나간다. 그래서 항상 오전 9시 전에는 카페가 오픈되어 있다. 간혹 이른 아침 시간에 손님한테 카톡으로 오픈 시간이 언제냐고 문자가 오기도 한다. 그럴 때 잠시 후 카페 사용이 가능하다고 하면 놀라면서 좋아한다.

 이른 아침 카페가 있는 고내 포구는 늘 조용하다. 사람이 북적일 때에는 평범하고 작은 포구지만 오전 시간에는 신비롭다. 사람이 있고 없고에 따라서 분위기 자체가 변한다. 바람이 불면 부는 대로, 바람 한 점 없는 잔잔한 날은 그대로의 느낌이 있다. 오늘은 바람이 전혀 없는 날이다. 바다 색깔도 희미한 회색이며 하늘과 바다의 경계가 구분이 되지 않는다. 온통 다 전부 바다 같다. 오직 빨간 등대만이 선명하게 드러나 보인다.

〈산책〉카페 건물 앞에 차를 주차해 놓고 가만히 카페를 바라보았다. 밤새 아무런 탈 없이 잘 있었구나. 조용히 주님께 감사 기도를 드린다. 그리고 나서 문을 열고 카페에 들어가니 이 안은 더욱 조용하다. 오직 내가 카페 안에서 돌아다니는 발자국 소리 뿐이다. 에어컨을 켜고 음악을 트니 그제야 익숙한 소리가 나왔다. 하지만 사람은 아무도 없다.

작은 카페 안에 무인의 세계가 짙게 드리워졌다. 오픈 준비를 하는 동안에도 이곳은 철저히 무인카페다. 이른 시간이라 올 손님도 없다. 간혹 손님들이 새벽에 해안도로를 산책하다가 불 켜진 카페가 반가워 찾아오긴 하지만 테이크아웃 외에 주문을 받지 않는다. 원래 이곳은 무인카페가 아니었던가! 작은 공간에서 오픈 준비를 이유로 바쁜 내 모습을 보여 주긴 싫다. 물론 원하면 마실 수는 있다. 그 정도의 여유는 늘 갖고 산다.

오픈 시간은 이렇듯 내가 유일하게 카페에 혼자 편하게 있을 시간이다. 무인카페의 운명이다. 내 카페를 내 카페라고 하지 못하는 서글픈 운명. 이곳에 주인이 있게 되면 반칙인 무인카페의 숙명과도 같은 운명. 하지만 이렇게 하루 중에 두 번, 나만의 시간이 있다. 오픈시간과 마감시간. 나는 음악을 듣다가 커피를 마시며 카페 내부를 걷는다. 온전히 내 카페를 누리고 즐기는 순간이다. 탁자를 살짝 쓰다듬는다. 익숙한 감촉이 느껴진다. 그리고 내가 늘 앉는 카페 내부 나무 앞, 긴 벤치에 앉아 커피를 마신다. 그러다가 어제 몇 몇 손님이 새로 써 놓고 간 포스트잇이 내 눈에 띈다. 나와 상관없는 타인의 이야기다. 그런데 은근히 관심이 간다. 아예 새롭게 써 놓고 간 것을 두리번거리며 찾기도 한다.

조금 있으면 무인으로 운영될 카페에서 지금 나는 이상하게 유인을 그리워한다. 그 사람을 볼 순 없었지만 우연히 남기고 간 손수건을 한 손에 꼭 움켜잡듯이 포스트잇에 쓰여 진 내용에 주목을 한다. 그러면 포스트잇 글자 하나하나가 새롭게 살아나서 내게 말을 건다. '나라니까' '나 모르겠어?' '조금 섭섭한 걸' 포스트잇을 보면서 나도 모르게 중얼거린다.

우와... 3번째 방문이다. 제주 한달살이...
내일 서울로 떠나는 날! 이 시간을 기억하고 싶어서 하루를 넘겼다.
나에게 달이 생겼으니 이제 나는 바다가 되었다.

> 세상에 나가는 게 아니라 세상이 되었다.
> 2021. 5. 22. 〈산책〉 포스트잇

하늘색 포스트잇이 두 장 연달아 붙어 있다. 내가 지금 이 무인의 세계를 마음껏 누리고 있는 것처럼 이분도 그렇게 온전히 이 세계를 누렸다. 긴 시간 무인카페를 운영하면서 가만히 살펴보면 주로 혼자 오신 분들이 마음껏 이 시간을 즐겼다. 어느 누구의 눈치도 보지 않고, 심지어 화장도 안 하고 실컷 이 자리에서 울고 가도 아무 상관 없는 무인의 공간에 자신의 흔적을 남기고 갔다. 그건 아무런 꾸밈이 없는 그대로, 그분 자체였다. 훌륭한 타투 하나가 비밀스럽고 신비롭게 만들어졌다.

무인의 세계는 손님들을 더욱 솔직하게 만들어 준다. 차마 털어놓을 수 없었던 이야기도 자연스럽게 나온다. 쓰고 있는 본인만 알 수 있는 단어와 문장도 나온다. 나에게 달이 생겼으니 이제 나는 바다가 되었다, 세상에 나가는 게 아니라 세상이 되었다 등등 말이다. 내 존재 깊은 곳에 숨겨져 있는 은밀한 내면의 모습. 당혹스럽기도 하지만 묘한 희열도 있다. 그렇다면 나도 한번 써 볼까? 감정이 전이되면서 폭로도 잇따라 이어진다. 나도 솔직하게 내 가면을 벗는다.

목욕탕에서 옷 벗는 것을 주저하는 사람이 없듯이 그동안 거추장스럽게 입고 있던 옷을 훌러덩 벗어 던져 버린다. 이젠 씻어 내고도 싶었다. 옷 속에 감추어진, 누구도 볼 수 없었던 꼬질꼬질한 때를 빡빡 밀어내고 싶었다. 거침없이 써 내려갔다. 한 장으로 부족하면 두 장, 세 장을 이어서 쓰기도 한다. 무인의 세계에서, 혼자만의 시간에 느긋이 푹 불려서 거친 때수건으로 미련 없이 말끔히 밀어내 버렸다. 우연히 만난 작은 무인카페에서 이렇게 개운하게 털어낼 줄이야! 정화의 순간이다.

손님들은 어렵사리 풀어낸 자신의 깊은 이야기를 누군가 읽어주기를 바라면서 냉장고 한쪽 구석에 꾹~ 눌러 붙여 놓고 떠나갔다. 그렇게 그 사람이 떠나면 이곳은 다시 무인의 세계로 변한다. 누군가 다시 무인을 이어받을 것이고 시간이 지나 이렇게 오전 오픈 시간에 내가 바통을 넘겨받았다.

매일 같이 나에게 전해 넘어오는 무인의 세계. 오픈할 때, 중간중간 〈산책〉카페를 체크할 때, 밤 10시에 마감할 때 아무도 없는 무인카페에 나는 늘 혼자 있다. 외로움이 올라오기도 하고 두려움이 들 때도 있고 후회와 걱정이 들 때도 있다. 사람들이 포스트잇에 자신의 감정을 쏟아내고 가듯이 나는 자리에 앉아 홀로 하나님께 기도를 드렸다. 이것이 나에게는 타투였다. 손님들이 한 글자, 한 글자 정성스럽게 포스트잇에 글자를 적듯이 나 또한 절박하게 하나님께 기도를 드렸고 그것은 카페 온 구석구석 보이지 않는 나만의 타투가 되어 점점이 박혀 버렸다.

자신만의 타투를 비밀스럽게 이곳에서 만든 사람은 제주에 올 때마다 매번 이곳을 다시 찾아온다. 묘한 경험이고 잘 잊혀지지 않는다. 그건 자신의 인생 가운데 가장 절박했던 순간에 새겼던 몇 안되는 흔적이기 때문이다. 당연히 제주공항에 도착해서 제일 먼저 찾는 곳도 이곳일 수 밖에 없다.

3번째 애월
여기가 애틋한 이유는
그간의 추억과 생각 나의 어린 마음들을
솔직하게 담아내었기 때문이다
2021.2.20. 〈산책〉포스트잇

과연 모든 것이 우연이었을까?

무인카페 〈산책〉은 작은 카페다. 올해로 만 12년을 바라보는 카페 내부는 요즘과 같이 세련되고 화려하지도 않다. 손님이 많이 찾을 하등의 이유가 없어 보인다. 무인카페라는 것도 식상한 아이템이다. 예전에 내가 처음 〈산책〉카페를 오픈했을 때는 제주 전역에 걸쳐 3-4개 정도밖에 없었다. 그만큼 특별하고 희소성이 있는 카페였다. 그러다가 이것도 유행이라고 이곳저곳에 생기기 시작하면서 사람들의 관심도 낮아졌다.

또 우연히 한 두번 방문했던 어느 무인카페에서 질 낮은 서비스에 좋지 않은 경험을 가지고 있는 도민이나 관광객도 많아지면서 사람들은 무인카페하면 잠깐 시간이나 때우는, 그러면서 싼 맛에 그냥 커피 한 잔하는 그런 곳으로 인식하는 경우가 많아졌다.

그런데 이런 엄중한 상황에도 불구하고 문을 열어 보는 사람들이 있다. 남들은 관심이 없는데 그들은 호기심을 가지고 카페 안으로 들어온다. 이게 뭐지? 하고 신기해한다. 그래서 카페에는 이렇게 적힌 포스트잇이 많이 있다.

> 우연히 지나가다 들어온 카페에서 힐링하고 가요.
> 다음엔 아기랑 셋이 되어 같이 와보고 싶어요~ 또 오자~
> 2021년 7월 18일

> 제주도 여행 오일차. 신기해서 들렸다가는 엄마랑 나랑 성주
> 이 순간을 영원히 기억하자
> 2021년 8월 4일

> 우연히 들린 무인카페에서 여행의 마지막을 보낸다.
> 휴식이었기를 빌며 또 오기를 바라며...
> 2021년 7월 31일

서울에서 야채를 팔다가 내려온 내가, 처자식 먹여 살리겠다는 일념 하나로 제주를 쥐 잡듯이 돌아다닌 때가 있었다. 당시 내 눈앞에는 아름다운 바다도, 평화로운 포구도 가슴을 뻥 뚫어 놓는 오름도 보이지 않았다. 그저 걱정과 한숨뿐이었다. 그땐 지금은 눈

에 띄지도 않는 동네 마트만 보이고 그걸 보면서 '혹시 저 곳에서 야채를 팔면 괜찮을까?'하는 머릿속 복잡한 계산뿐이었다. 잘 되는 식당을 보면 '저 집은 진짜 맛이 있을까?'라는 생각보다 '나도 새롭게 이곳 제주에서 저런 것을 할 수 있을까?'하는 생각만이 들었다. 물론 그런 생각들도 곧바로 현실을 인식하면서 포기했지만 말이다.

눈에 보인다고 다 보이는 것은 아니다. 우린 보고 싶은 것만을 볼 때가 많다. 그래서 같은 곳을 봐도 서로 다른 것을 본다. 현재 자신의 상황과 감정, 이해와 맞물려서 우리의 시선은 왜곡되어 있다. 전에는 보이지 않았던 것들이 보이고 보였던 것들이 지금은 보이지 않는다. 우연히 들어 왔다는 포스트잇을 볼 때마다 난 그것이 우연이 아니라고 생각한다. 그때 우리의 마음은 뭔가와 밀접하게 관련되면서 우리를 잡아 이끌었던 것이다.

〈산책〉카페를 만들게 된 사건이 하나 있었다. 제주 이주를 앞두고 서울에서부터 무언가를 철저하게 계획하고 준비한 것은 아니었다. 우리 부부는 무모하게 아무런 계획 없이 입도했고 결과는 참담했다. 계속되는 마이너스 생활이었다.

그렇게 한 달 두 달 세 달, 마이너스가 이어질 무렵 문득 어느 날 아침 아내가 그런 말을 했다. "제주에는 무인카페가 있대" "무인카페?" 그 전까지 서울에 있으면서 한 번도 들어보지 못한 개념이었다. 검색해 본 결과 주인이 상주하지 않고 손님들이 자신이 마신 컵을 자율적으로 설거지도 하고 돈도 내고 간다는, 말도 안 되는 시스템이었다. 평상시 말이 안 되는 것은 경험하지도, 가 보지도, 듣지도 않는데 왜 그땐 호기심에 이끌려 가 보게 되었을까? 그렇게 아내와 한참을 달려 도착한 그곳은 한적한 시골 마을이었다. 거기에 조용히 무인카페 하나가 떡하니 들어앉아 있었다.

조심스럽게 카페 문을 열고 들어가니 어두운 실내조명에 감미로운 재즈풍의 음악이 내 귀에 들려왔다. 손님도, 주인도 아무도 없었다. 기분이 묘했다. 아내와 커피 한 잔과 간단한 음료를 가지고 카페 한 구석 자리에 앉아 창밖을 바라보니 평화롭고 조용한 시골 마을이 눈앞에 펼쳐졌다. 은은하게 들리는 음악 소리에 그간 먹고 살기 위해 분주히 돌아다녔던 피곤함과 복잡한 생각들이 뿌연 흙탕물이 서서히 가라앉듯 차분히 내려앉았다. 그렇게 그냥 편하다, 좋다는 감정을 느낄 무렵 무인카페 주인을 우연히 만났다. 너무 일찍부터 서둘러서 왔기에 카페는 아직 오픈 준비 중이었다.

"서울에서 아내와 딸과 함께 제주로 이주한 지 얼마 되지 않았습니다. 무엇을 할까, 이곳저곳 돌아다니고 있는데 우연히 이곳에 오게 되었어요. 그런데 마음이 편안하네요."

 도대체 무슨 말을 하고 있는 걸까? 낯선 사람한테는 먼저 말도 잘 걸지 않는 소심하고 내성적인 내가 처음 보는 무인카페 사장한테 요즘의 나의 상황을 친절하게 설명하고 있었다. 물어보지도 않았는데 말이다. 그런데 그 말을 들은 그분의 태도가 인상 깊었다. 잠깐 나를 물끄러미 보더니 바닥을 닦고 있는 대걸레를 한쪽으로 휙~ 하고 던져 버렸다.

 그리고 우리 부부의 테이블로 와서 앉았다. 그렇게 우린 서로 긴 시간 이야기를 나누었고 그 시간이 끝난 후 그분께서 꼭 먹고 가라고 신신당부한, 직접 끓여주신 동태찌개까지 얻어먹고 집에 왔다. 그리고 얼마 후 "저도 무인카페를 할 수 있을까요?"라고 묻는 내 질문에 용기와 격려를 해 주신 그분의 말에 힘입어 이곳 애월에서 무인카페 〈산책〉을 오픈했다. 그분은 오픈 직후에도 이곳에 오셔서 카페를 둘러본 후 잘했다고 격려까지 해 주었다.

 난 지금도 '우연'이라는 것에 대해 곰곰이 생각해 본다. 나는 그때 우연히 아내한테 무인카페 이야기를 듣고 그곳에 가 본 것일까? 그때 우연히 무인카페 사장님을 만나 조언을 듣고 그러다가 무인카페 〈산책〉을 차린 것일까? 하다 보니 우연히 10년이나 넘게 한 것일까?

하지만 난 우연이란 없다고 생각한다. 미묘하고 복잡한 무언가의 생각과 감정, 이끌림이 있는데 우린 그것을 어떻게 표현할지 모르기 때문에 쉽게 우연이란 단어를 쓰고 있다. 내가 무인카페라는 것이 있다는 사실을 알고 찾아간 것만 봐도 그렇다. 평상시처럼 말도 안 되는 이야기라며 금방 무시할 수도 있었다. 또 설사 갔었다 한들 그곳에서 무인카페 사장님을 만나고 평상시에는 낯선 사람에게 먼저 말도 꺼내지 않는 내가, 줄줄줄 그때의 상황을 왜 우연히 설명했을까? 의문은 계속 일어난다.

사람들은 간혹 나에게 어떻게 이런 좋은 자리를 발견했냐고 말한다. 정말 카페 위치가 좋아도 너무 좋다. 카페를 직접 와 본 사람은 모두 이 말에 깊게 공감할 것이다. 하지만 이 자리 역시 내가 우연히 발견한 자리였다. 무인카페를 하기 위해 카페 자리를 살펴보던 중, 너무나 높은 가격의 매물에 실망하여 아내와 함께 해안도로를 산책하다가 우연히 발견한 자리. 정말 누구 말대로 우연이었다. 하지만 왜 그때 내 눈에는 점심시간에 밥집이 보이지 않고 그것도 저 멀리에 있는 빈 낚시 가게가 보였을까? 결국 우린 문 닫은 낚시 가게를 우연히 발견하고 주인분의 전화번호를 수소문해서 그 자리에 무인카페 〈산책〉을 오픈했다.

포스트잇에 써 있는 내용처럼 우연히 들어왔다는 사람들은 결코 우연히 들어 온 것이 아니다. 조금이라도 무언가가 마음에 없었다면 카페 문을 열지 않는다. '뭐 저런 것이 있네' 하면서 금방 무시하고 지나쳐 버리는 것이 자연스러운 흐름이다. 그분들은 그 흐름을 역행한 것이다. 카페 문을 열고 들어와서 잠시 둘러본다. 그러다가 호기심이 더 커져서 자세히 살펴보다가 이상하게 카페의 음악과 분위기가 편안하게 자신에게 들어맞는 것 같아 커피 한 잔을 가지고 자리에 앉았다면 커진 호기심은 비로소 인연이 된다. 자신과 맞는 것이다.

그분들 말처럼 우연히 이곳을 방문했다가 1년이 지나고, 또 어떤 사람은 5년이 지나고도 다시 찾아온다. 7년이 지나고도 제주에 오면 꼭 이곳에 다시 오는 사람도 있다. 포스트잇에 그렇게 왔다고 써 놓고 간다. 또 남겨 둔 포스트잇이 없어도 자주 오시는 분이 있다는 것을 알 수 있다. 무인카페이기 때문에 평상시 어떤 분들이 오는 줄 몰랐는데, 핸드폰에 자주 입금되는 이름을 보며 이런 생각을 한다.

아! 이분이 다시 오셨구나.
또 오셨구나.

난 그분들께 이런 말을 하고 싶다.

"당신과 우리의 시작은 우연이 아니었어요.
우린 어떤 의미에서 서로 많이 맞는 거예요.
우린 서로 많은 것들에 대해 공감할 수 있어요.
그것이 아주 작은 무엇이든 간에."

무인카페도 단골이 있다

무인카페에서의 단골은 나랑 몇 번 마주치면 단골이 된다. 그저 몇 번이면 된다. 설사 그분들은 그렇게 생각하지 않아도 나에겐 단골이다. 무인카페이기에 카페에 와서 차를 마셔도 나를 못 보고 그냥 가는 경우도 많다. 그래서 몇 번 마주쳤다는 것은 그것보다 몇 번 더 많이 왔다는 것을 의미한다. 물론 처음 왔는데 우연히 바로 볼 순 있지만 대개 더 많이 와야 한다.

"이 근처 사시나요?"
"예. 바로 윗동네 살아요."

한두 번 카페에서 우연히 만나 서로 얼굴을 알아보면 먼저 인사를 꺼내기도 한다. 그때 제일 편하게 들어가는 멘트는 사는 곳의 위치다. 같은 도민이면 반갑다. 더욱이 가까운 곳이면 더 친근하게 느껴진다. 관광객도 이곳 카페와 가까운 곳에서 올 때가 많다. 숙소는 근방이고 아침, 저녁으로 가벼운 산책길에 말이다. 또 요즘 제주에서 한 달 살기 같은 장기 여행도 유행이라 그분들도 단골이 될 때가 있고 짧은 4박 5일의 일정에서도 매일같이 와서 단골이 되기도 한다.

장사하는 입장에서 단골은 늘 힘이 된다. <산책>카페 같은 경우는 더욱 그렇다. 주변의 좋은 카페에 치어 이래저래 마음이 위축될 때 단골은 내 마음을 세워준다. 마치 '계속하라니까', '그렇게 나쁘지 않다니까', '의외로 매력이 있다니까' 하면서 나를 등 떠미는 것 같다. 그렇게 떠밀려 꼬박 12년째 운영 중이다. 이 코로나가 끝나면 <산책>카페를 아끼는 단골들을 모두 불러 떡도 돌리고 파티도 하고 싶다. '오늘은 단골의 날'이라고 카페 정문에 크게 플래카드라도 하나 걸어 놓고.

단골들은 그 자체로도 고맙기도 한데 그것보다 한 단계 더 나가시는 분도 있다. 예전에 카페에 주기적으로 포스트잇을 두고 가시는 분이 계셨다. 일종의 '기증'인 셈이다. 누가 두고 가셨을까 궁금했는데 어느 날 우연히 카페를 오픈하다가 그분을 만났다. 아침 일찍 성당에 나가 기도하신 후에 집으로 돌아가는 길에 <산책>카페에 들려 놓고 가신다고 했다. 그렇게 인연이 되어 그분이 우리 부부를 저녁 시간에 자신의 집으로 초대하기도 했다.

또 다량의 볼펜을 기증하시는 분도 계시고 책도 기증해 주신 분도 많았다. 고사리 철에는 냉장고에 차분히 꺾은 고사리를 비닐봉투에 넣어 놓고 가시기도 하고 귤, 한라봉을 비롯한 각종 과일, 초콜릿 과자 등등 수도 없이 많았다. 그리고 한 번도 마주치진 못했지만 <산책>카페에 오시면 꼭 화장실을 청소해주시고 가시는 분도 계셨으니까. 솔직히 이 정도면 감동이다.

작은 카페를 운영하다 보면 이렇게 삶 속에 작은 것들을 아끼는 사람들을 만난다. 따뜻한 정도 느끼고 감정도 교류가 된다. 이것은 참 소중한 일이다. 혼자 외롭게 이 험한 세상 살고 있지는 않구나, 하는 작은 안도감도 보너스로 느낄 수 있다.

"전데요. 간혹 노트북 가지고 와서 책보고 정리하는 사람.
 아시겠어요? 어제도 잠깐 뵀었는데."

낯선 전화번호가 핸드폰에 떠서 받아보니 본인이 자신에 대해 이런저런 설명을 한다. 간혹 오고, 어제도 마주쳤으니 단골인 거 같은데 누굴까? 하는 순간 어떤 얼굴이 떠올랐다. 맞다. 그분이다! 간혹 우리 카페에 오시는 그 젊은 남자 분. 무슨 일을 하는지 모르겠지만 근래에 들어 자주 오셨고 한번 오시면 꽤 긴 시간 카페에 계셨다. 낮에 체크할 때도 잠깐 보았고 저녁에 들릴 때도 있어서 인사 나눌 때가 있었다. 그런데 왜 이분이 나한테 전화를 걸었지? 그분이 조금은 곤란한 듯 정중하게, 천천히 말한다.

"화장실이 급해서 들어왔는데 지금 보니 화장지가 없어요.
혹시 갖다주실 수 있어요?"

단골의 위력이다. 밥 먹다 말고 바로 옷 입고 차 몰고 갔다. 단골을 위해 〈산책〉카페는 늘 최선을 다한다.

포스트잇에 답을 달다

 카페 오픈 초기에 리모델링으로 정신이 없을 때의 일이었다. 먼저 공사비는 미리 정해 놓고 있었다. 무인카페라는 아이템이 당시에는 많이 알려지지도, 실제 몇 개 있지도 않아서 오픈 리스크가 상당했기 때문이었다. 주변에서 걱정도 많았다.

 또한 나는 전직이 야채장수였다. 야채 도매와 카페는 업종의 흐름 자체가 달랐다. 위험도가 더 높아질 수밖에 없다. 그런데 해 보지도 않은 카페를, 그것도 무인으로 운영한다고? 그래서 그들도 설득시킬 수 있고 나 또한 감당할 수 있는 금액이 반드시 먼저 산정되어야 했다. 모든 것을 잃는다고 해도, 결국 나의 도전이 실패로 끝난다 해도 이곳 제주에서의 새로운 시도와 경험이 내 삶에 교훈이라고 여겨질 만한, 그렇게 넘길 만한 정도의 금액. 그 금액이 이천만 원이었다. 난 그 범위 안에서 모든 기초전기공사, 리모델링, 각종 카페 집기, 의자, 탁자 등의 구입 비용을 세세히 적고 진행하고 있었다. 다행히 이런 계획에 좋은 분들까지 만나 순조롭게 모든 공사가 마쳐질 무렵 인테리어 사장님은 어느 날 나에게 이런 말을 했다.

"사장님! 창문이 너무 많아서
 몇 개는 가리는 것이 좋을 것 같아요."
"그렇죠? 이 쪽과 저 쪽, 창문 2개 가리는데
 얼마 정도 비용이 더 드나요?"
"정확한 계산은 뽑지 않았는데 그래도 적지 않은 돈이 들겠죠."

정확한 지적이었다. 카페에 창문이 너무 많았다. 정면에 있는 전체 유리창은 그래도 바다를 조망하고 있어서 괜찮았지만 저 커다란 옆 창문 2개는 어찌한담. 그 문제로 고심하고 있는 나에게 인테리어를 담당했던 분은 창문을 가릴 수 있는 구조물을 만들었으면 좋겠다고 했다. 문제는 돈인 것이다. "우선 이렇게 오픈하고 장사되는 것 보고 나중에 여유가 생기면 그때 다시 공사하는 것으로 해요."

센스있는 인테리어 사장님이다. 어차피 이런저런 구상을 해서 나에게 넘겨줘도 그렇게 할 여력이 없다. 그럴 바에는 이렇게 넘어가는 것이 좋다. 다음으로 미루자. 나도 아쉽지만 그 의견을 받아들일 수밖에 없었다. 이곳에 돈을 더 투입하기에는 앞서 이야기했듯이 리스크가 너무 컸다. 그분의 깔끔한 조언으로 카페는 우선 그렇게 오픈되었다. 하지만 그 후로도 내 마음과 시선은 늘 두 개의 창문으로 고정되었다. '뭔가 아쉬워. 뭔가...'

 그러던 어느 날이었다. 점심때 카페를 점검하기 위해 갔는데 손님 한 분이 썰렁하기만 했던 큰 창문에 포스트잇 하나를 떡~ 하니 붙여 놓고 갔다. 이게 뭐지? 처음엔 다소 황당했다. 하지만 조금 이따 보니 신기하기도 하고 또 밤이 되어 카페 마감을 하면서 가만히 보니 은근 예쁘기도 했다.

 그러다가 다음날이 되어 카페 오픈 준비를 하고 있는데 문득 창문에 오전 햇살이 살며시 들어오고 그 빛을 받아 어제 붙여진 포스트잇은 아주 묘한 색깔로 변해 내 눈에 들어오고 있었다. 마치 성당 유리 창문에 황홀하게 펼쳐진 스테인드글라스처럼.

 잠깐 그렇게 멍하니 바라보다가 갑자기 뭔가가 생각났다. '그래

이거야. 포스트잇을 가져다 놓자. 사람들이 저렇게 창문에 붙여 놓을 거야. 그렇다면 이렇게 모인 포스트잇이 어울려서 따로 창문에 대한 인테리어는 안 해도 될 거야.' 아니나 다를까 내 생각은 그대로 적중했다. 손님들은 차를 마시면서 이야기하다가 하나씩 포스트잇 사연을 적어 창문에 붙여 놓고 갔다. 하나 두울 포스트잇이 큰 창문에 붙여져 갈 때, 난 일정 기간을 두고 색깔이 다른 포스트잇을 카페에 배치해 두었다. 서로 다른 색깔의 포스트잇이 각기 다른 사연과 함께 어우러져 갔다. 그러면서 새롭게 쓴 포스트잇도 자연스럽게 구별되었다.

그렇게 난 매일 마감 때마다 그날 새롭게 써진 포스트잇을 읽는 재미에 빠져 버렸다. 오늘은 어떤 사람이 어떤 내용을 썼을까 궁금해하면서 말이다. 창문은 서서히, 그것도 아주 싼 비용으로 인테리어를 대신해서 예쁜 포스트잇으로 하나하나 채워져 갔다.

매일 카페에 남겨진 포스트잇의 내용은 가지각색이었다. 짧게 써진 문장 하나하나를 읽으면서 난 쓰고 간 사람들을 상상했다. 수원에서 온 탁월한 미모의 아가씨, 입대를 눈앞에 두고 제주를 여행하는 한 젊은이, 정년 퇴임한 후에 혼자 올레를 걸으시는 아저씨 등등. 상상 속에서 그분들을 생각하며 어느 날 그 중에 한 분이 쓰신 포스트잇에 답글을 달았다. '내가 너의 이름을 불러 주었을 때 너는 나에게 꽃이 되었다' 딱, 그 시가 생각나는 시점이었다. 정성스레 한 자, 한 자 눌러가며 답글을 쓰고 그것을 투명 스카치테이프를 떼서 포스트잇에 붙이는 순간, 그 사연은 꽃이 되었다. 의미가 되었다.

언젠가 다시 이곳에 온다면 확인할 수 있을 거예요.

무인카페에 들어서면 아우성이 들린다. 나의 이름도 불러주세요. 내게도 답글을 달아주세요. 나도 당신에게 꽃이 되고 싶어요. 무인의 세계에서 들려오는 수많은 외침들. 분명 철저한 고독과 혼자만의 공간인데 오히려 수많은 외침과 사람들에게 둘러싸여 있는 묘한 현상이 일어난다.

하지만 이것은 비단 주인에게만 일어나는 일이 아니다. 이곳에 홀로 남겨진 모든 사람에게 일어날 수 있는 현상이다. 물론 그 사람이 좀 더 다른 사람의 삶에 관심이 있고 여유가 있다면 말이다. 포스트잇의 답글은 묘한 상상력을 가져왔다. 내가 그렇게 손님들이 쓴 포스트잇을 보며 그분들을 상상했듯이 이 분들 또한 자신의 포스트잇에는 답글이 달릴까? 이런 답글을 쓴 사람은 어떤 사람일까? 하는 상상을 가지고 포스트잇을 쓰기 시작했다. 물론 이런 저런 복잡함 없이 단순히 누구누구 왔다갔음 하고 쿨하게 한 장 쓰고 가신 분들도 많았지만.

무인카페에서의 소통은 때론 긴 시간을 요구한다. 사람들은 그렇게 자신들의 이야기를 남기고 무인카페를 떠나갔다. 보통 대화라는 것이 내가 말을 하고 다른 사람이 그 말을 듣고 바로 대답을 한다. 하지만 이곳에서의 소통은 다르다. 포스트잇을 쓰고 간 이후의 소통은 쓴 사람이 다시 이 자리에 와서 확인을 해야 가능하다. 그것은 꽤 긴 시간일 수 있고 다시 오지 않는다면 확인 할 수 없는, 불확실성을 담보한 소통이기도 했다. 어떤 사람은 6개월 후에 다시 와서 확인을 하기도 하고 어떤 사람은 7년이 걸리기도 했다. 그대로 붙어 있지 않은 경우도 허다했다. 답글이 있는 것보다 없는 포스트잇이 몇 백 배 더 많았다.

하지만 상관은 없다. 이미 주변에는 다른 사람의 포스트잇에 나의 답글이 적혀 있다. 그 답글을 보며 현재 자신이 쓰고 있는 답글을 상상했다. 우린 이렇게 이 순간 소통하고 있고 또 긴 시간 여운을 남기며 소통하기도 했다.

모든 포스트잇에 답글을 달 순 없다. 나는 신중히 카페에 남겨진 손님들의 포스트잇 사연을 모두 읽는다. 그리고 그중 하나에 답글을 단다. 그땐 마치 라디오 DJ 같기도 하다. 수많은 사람들이 사연을 보내지만 채택되는 사연은 한두 개다. 치열한(?) 경쟁 속에 자신의 포스트잇이 선정되고 몇 년이 걸려서 다시 온 이곳에 카페지기의 답글을 확인하는 것은 정말 기분 좋은 일이다.

우린 요즘 주변에 악필이 은근히 많을 정도로 펜으로 글을 쓰는 것이 어색하고 쉽지 않은 시대를 살고 있다. 내 학창시절 연애편지라는 것은 이미 구닥다리 유물이 되어 버렸다. 하지만 이곳에서 비록 짧은 글이긴 하지만 포스트잇에 정성스럽게 한 자 한 자 글을 써 내려간다. 우표를 붙이고 우체통에 넣듯이 자신의 사연을 마음에 담아 창문에 떨어지지 않게 몇 번이고 눌러서 붙인다. 시간이 지나 배달이 되고 사연까지 채택이 되어 자신의 포스트잇에 답글이 달린다. 우린 이렇게 복잡하고 빠른 디지털시대에 느리고 아날로그적인 소통을 하고 있다. 하지만 이것은 꽤 그리운 우리들 마음속 깊은 감성이기도 하다.

2부

비효율의 세계

망해도 못 망해요

 무인카페 〈산책〉을 오픈한 지 만으로 11년이 지나고 다시 한 달이 흘렀던 어느 4월에, 드디어 아내가 그토록 하고 싶었던 카페 외관 공사를 했다. 그렇게 공사를 진행한 지 이틀째 되던 날, 주변 정리를 위해 인테리어 사장님이 폐기물 차량을 불렀다.

 순간 카페 밖에 있던 다 쓰러져 가는 나무 벤치가 내 눈길을 끌었다. 긴 시간, 내가 직접 몇 번 고쳤던 벤치였다. 전문가가 아니라서 어떻게 고치는지도 모르고 내 나름대로 동네 목재소에서 나무를 구입하고 톱으로 자르고 뚝딱뚝딱 보수해서 그런대로 고쳐 사용했던 나이 든 할아버지 벤치였다. 그 벤치를 인부들이 경로우대도 안 하고 우악스럽게 들어 차량에 집어 던져 실었다.

카페 앞 화분도 모조리 도살장 가축 신세였다. 하긴 늘 아내의 눈에 거슬렸던 촌스러운 화분이었다. 오일장에서 비교적 수명이 길고 값이 싼 놈들로 사서 나름 나무벤치와 어울리게 배치해서 초라한 카페외부를 보완하고자 했던 건데 아내는 마음에 들어 하지 않았다. 그것들이 지금 모두 폐기물차량에 던져지고 있었다. 그러면서 그 안에서 나를 보며 말하고 있다.

'저도 제가 그렇게 멋지고 예쁘다고는 생각 안 해요.
 그래도 당신을 위해 이곳에서 말없이 자리를 지키고 있었잖아요.
 그래도 버리실 건가요?'

안쓰러운 마음의 절정은 에어컨 실외기였다. 서울에서 결혼하자마자 구입해서 10년이 넘게 사용하고 이곳 제주로 이사하면서 다시 사용하려던 것을 사정상 설치하지 못하고 창고에 넣어 두었었다. 그러다 카페를 오픈하면서 비용절감 차원에서 새로 에어컨을 구입하지 않고 가게에 그대로 다시 설치해서 사용했다. 그런 녀석이 또다시 10년이 넘게 바닷가 바로 앞, 이 자리에서 온갖 비바람을 다 뒤집어쓰고 꿋꿋이 한 자리를 지키고 있었던 것이었다. 하지만 형체만 유지되고 있었을 뿐 속은 녹이 다 슬어 옮기는 도중 그대로 주저앉은 녀석은 마치 임금을 위해 자신의 모든 것을 던져 희생한 용감한 장수와 같은 비장한 모습이었다. 울컥하는 감정이 내면 깊은 곳에서부터 쑤~욱 올라왔다.

 분주하게 일하고 있는 일꾼들과 작업지시를 내리는 인테리어 사장님. 소란스러움을 비켜 나는 조금 멀리 떨어져 그 모습을 지켜보았다. 제주에 있는 오래된 건물들에 흔하게 외장타일로 되어있던 우중충한 베이지색 계열의 큰 직사각형 타일. 그리고 오픈 당시 꽤 큰 돈을 들였지만 요즘 유행과는 거리가 너무나 먼 올드한 무인카페 〈산책〉의 간판. 외부타일은 화사한 화이트로 마감하고 간판도 예쁘고 산뜻하게 고칠 계획이다. 초라하고 누추한 카페 외관. 하지만 마지막이라고 생각하니 오늘따라 더 애잔한 느낌이 들었다.

 하긴 공사 내내 그런 생각이 들었다. 남들은 큰돈 척척 들여 멋지게 인테리어 하고 공간을 꾸며갈 때 〈산책〉은 아무 말 없이 그 모습을 지켜보았다. 그러다가 11년 만에 그토록 하고 싶었던 외관 공사를 하게 된 것이다. 그것도 아주 작은 돈을 겨우 마련해서.

 그 전까지는 정말 여유가 하나도 없었다. 〈산책〉카페를 오픈한 지 1년 만에 건물주의 권유로 〈산책〉 건물을 매입하고 몇 년 있다가 〈산책〉 2층과 3층 내부 리모델링을 했다. 그리고 얼마 지나지 않아서 〈산책〉 근방에 땅을 사서 집 건축을 했다. 나의 제주 이주의 삶은 공사, 그리고 공사, 다시 공사라고 할 정도로 공사의 연속이었다. 공사와 더불어 나의 부채도 늘어갔고 이런 상황 속에 〈산책〉에 다시 관심을 두기는 어려웠다.

> 그때 사무엘은 돌 하나를 주워 미스바와 센 사이에 세우고 "여호와께서 여기까지 우리를 도우셨다!" 하고 그 이름을 '에벤에셀'이라고 불렀다. 사무엘상 7:12, 현대인

여 기 까 지

우 리 를

도 우 셨 다

한. 자. 한. 자.

내. 마. 음. 에. 들. 어. 왔. 다.

어떻게 지금까지 살아남았을까? 스타벅스를 비롯해서 대규모 커피 체인점이 수없이 들어서고 멋지고 규모 있는 개인 카페도 즐

비한 이 치열한 해안도로에서 〈산책〉은 어떻게 살아남았을까... 남들은 '운이 좋았잖아', '자기 건물이라며?', '돈이 많은가 보지'라는 짧은 한 마디로 10년이 넘는 세월을 쉽게 맞바꾸지만 그건 내 질문에 대한 정확한 답변은 되지 못했다. 운이라는 것도 그랬다. 내 생각엔 고도로 자본화된 이 현대사회에 운이란 없다. 자본은 정확히 계산되고 수익은 그것을 토대로 한 치도 틀림없이 숫자화 되어 나온다. 또 건물주라고 무인카페를 지속해서 운영하는 것도 아니다. 실제 〈산책〉과 비슷하게 만들어진 몇 개의 건물주 소유 무인카페는 문을 닫고 다른 업종으로 바꿨다. 간단히 효율성만 따져 봐도 본인이 직접 운영하지 않고 임대를 주어 그만한 수익이 나온다면 마다할 이유가 없다.

〈산책〉을 처음 오픈할 때부터 '과연 이것을 언제까지 하게 될까?'라는 것은 우리 부부의 공통된 질문이자 의문이었다. 어제는 개인적인 궁금증이 들어서 2013년부터 내 노트북에 차곡차곡 저장된 일기를 뒤적이며 살펴보기도 했다. 워낙 방대한 분량이라서 시간이 꽤 걸렸다. 그렇게 약간은 지루해질 무렵 눈이 크게 떠졌다. 신기하게 우리가 마지노선으로 정해 놓은 금액이 있었다. 〈산책〉을 포기하고 임대를 내놓자는 아내와 그건 신중해야 하지 않을까 하는 나의 논쟁을 담은 2016년 어느 날 기록에서 구체적으로 제시된 금액을 발견했다. 당시 논쟁 중에 "그럼 만약에 한 달에 이것밖에 못 버는 일이 발생해도 그래도 계속할 거야?"라며 그만 좀 고집 피우라는 아내의 말 한마디가 내 귀에 메아리쳐 들려왔다.

고집. 이 단어는 무인카페를 운영하는 동안 시시때때로 내 마음속에 불쑥불쑥 얼굴을 내밀었다. 지금은 〈산책〉카페와 가까운 곳에 집이 있었지만 예전에 3년동안은 차로 20분 정도 떨어진 곳에 살면서 〈산책〉카페가 있는 이곳 애월, 고내리까지 차로 왔다 갔다 했다. 아침에 오픈하고 밤 10시에 마감하는 두 번 외에 중간에 카페 점검을 위해 두 번을 더 왔다 갔다 하면 총 주행거리가 하루에 100km 가까이 되었다. 누구 말대로 기름값도 안 나올 때가 많았다. 그때 든 생각이 '내가 고집을 피우는 걸까?'였다. 추운 겨울밤에 그것도 비가 추적추적 내리는 밤에 따뜻한 집에서 나와 차에 시동을 걸고 카페에 가서 마감을 할 때도 그 생각은 들었고 밤에 눈이 너무 많이 내리는 중에 제설 장비 없이 거의 곡예 운전을 하며 몇 푼 안 되는 돈을 호주머니에 넣고 집에 돌아올 때도 마찬가지였다.

중간중간 카페를 점검할 때도 그랬다. 카페에 떡하니 자리를 잡고 앉아 옆 편의점에서 사 온 맥주와 소주로 한 잔 하고 있는 손님들을 볼 때도 절망과 함께 고집이라는 생각이 떠올랐다. 카페에 있는 긴 의자에 발을 턱 걸치고 한숨 멋지게 자고 있는 손님을 볼 때도 역시 마찬가지였다. 수백 번도 그런 생각이 들었다. 난 지금 고집을 부리고 있는 것일까? 그래서 내가 고집스럽지 않고, 그러면서도 어려움에는 쉽게 굴복하지 않는 뭔가 원칙적인 어떤 것이 있어야 한다는 생각이 들었다.

> 하나님은 여러분 안에서 활동하셔서,
> 여러분으로 하여금 하나님을 기쁘게 해 드릴 것을
> 염원하게 하시고 실천하게 하시는 분입니다.
> 무슨 일이든지, 불평과 시비를 하지 말고 하십시오.
>   빌립보서 2:13-14, 새번역

"주님, 저는 무인카페 〈산책〉을 계속 운영하길 원합니다. 주님은 제 마음을 아시는 분이시고 주님의 마음도 그럴 것이라 생각합니다. 하지만 전 마이너스를 감수하면서까진 할 수 없습니다. 주님께서 〈산책〉을 원하신다면 제 삶에도 복을 주셔서 〈산책〉의 부족함을 채워주시고 전체적인 가정 경제가 마이너스가 되지 않도록 도와주시옵소서. 그것만 주님께서 도와주시면 전 어떠한 경우라도 〈

산책〉을 끝까지 운영하겠습니다."

조금은 협박(?)적인 기도를 하나님께 드리고 난 후에야 비로소 마음이 평온해졌다. 아내도 이런 나의 뜻을 존중했다. 카페 문을 닫는 시점을 다툼과 불평 없이 아주 명확하게 결정한 셈이 되었다.

그런데 그 후로 조금은 신기한 일들이 지금까지 계속 이어지고 있다. 〈산책〉카페의 매출은 해마다 계속 조금씩 줄어들기 시작했는데 이상하게 다른 수입이 조금씩 생기고 늘면서 전체적인 부족함들을 채우기 시작한 것이다. 그러니까 돈은 못 벌었지만 전체적인 가정경제는 마이너스는 안 되는 것이었다. 당연히 〈산책〉카페를 닫을 필요가 없다. 조금 더 하나님을 협박하는 기도를 할 걸 그랬나.

카페 외관 공사 내내 주변 사람들은 "드디어 망하는구나. 매일 보면 손님은 하나 없는데 무슨 돈으로 공사를 하는 걸까? 리모델링 해서 임대를 새로 주려나." 등등 갖가지 자신들만의 억측과 수군거림이 있었다. 굳이 일일이 돌아다니며 설명하지는 않았다. 하지만 공사가 끝나고 결국 '무인카페 〈산책〉'이라는 간판이 다시 달리는 순간 모든 수군거림은 수면 아래로 내려갔다.

몇 주간 공사를 계획하고 진행하면서 하나님 생각을 많이 했다. 예쁘고 새롭게 단장된 〈산책〉카페. 울컥했다. 마치 하나님께서 그간 너도 고생이 많았다 하고 내 어깨를 툭툭 두드려 주시는 것 같았다. 힘도 나고 기쁜 소식도 알릴 겸 인스타에 카페 리모델링 소식을 올렸더니 지인 한 분이 이런 댓글을 달았다.

"〈산책〉은 망해도 못 망해요!"

피난처

 명화에 대한 개념도 없고 지식도 없지만 난 개인적으로 렘브란트의 '돌아온 탕자'라는 그림을 참 좋아한다. 전 세계에 있는 수많은 그림 중에 딱 한 점만 가지라고 한다면 아무런 고민 없이 뒤도 안 돌아보고 렘브란트의 '돌아온 탕자'를 내 품에 꼭 안고 갈 거 같다. 그건 개인적인 신앙 배경 플러스에 실제 탕자와도 같았던 서울의 삶, 그리고 비로소 이곳 제주에 와서 평화를 찾았던 내 모습이 그림 속 아버지 품에 안긴 아들의 모습과 동일시되면서 내 마음 깊이 감동을 주기 때문이다.

 갑자기 웬 명화냐고 하겠지만 배경은 이랬다. 무인카페 〈산책〉 2층에 대여공간인 '문화〈산책〉'을 이번에 새롭게 오픈했다. 원래 이 공간은 비누공예를 하는 분께 임대되어 운영되고 있었는데 예상치 못한 코로나 상황으로 그분은 2년간 고생만 하다가 사업을 접고 육지로 다시 가셨다. 제주를 떠나기 전 며칠을 남기고 나를 만나 최종적으로 사정을 설명하는 자리에서 그녀는 울컥 눈물을 삼켰다. 나름 임대료도 인하해 주고 이 시간 잘 견뎌주길 바랐지만 결국 그녀는 이 상황을 극복하진 못했다.

제주에 오면... 언제든지 와요.
우린 이곳에 계속 있을 거예요.

조금은 갑작스럽게 2층을 정리해서 처음엔 다시 임대줄 것인가 아니면 우리가 운영할 것인가부터 고민했다. 임대는 상관없었지만 직접 운영은 많은 부분을 고려해야 했다. 우리 부부는 이곳 제주에서 매일같이 정해진 시간에 상주하면서 일하고 싶지 않았기 때문이었다. 우린 돈보다는 시간적 자유를 더 중시했다. 그래서 몇 가지 사업 아이템이 떠올랐지만 계속 한 공간에 상주하지 않으면서 할 수 있는 공간임대가 가장 적당했다. 운영과 계획이 구체화되자 그때부터 아내는 2층 공간에 엄청난 관심과 에너지를 쏟기 시작했다. 의자를 비롯해 일일이 예쁜 머그컵도 고르고 커피머신, 냉장고, 살균기, 전자레인지 같은 것도 직접 다 골랐다. 그렇게 2층 공간에 쓰일 물건이 하나하나 준비되어 갈 무렵 나는 붙박이 벽장 옆 허전한 공간 한쪽에 렘브란트의 '돌아온 탕자'라는 그림을 주문해서 걸어 놓고 싶었다. 하지만 주저하고 있었다. 아내는 그곳에 몇 권의 책과 빈티지 소품을 놓고 싶어 하는 것 같았기 때문이었다.

"어~ 그건 안 어울려!"

단호한 아내의 한 마디였다. 주저주저하다가 결국 용기 내어 "이 그림 어때?"라고 물어보는데 뭔가의 설명도 없고 그저 안 어울린다는 간단한 문장 하나였다. 아니, 어울리지 않는다는 근거는 무엇이고 그 판단 또한 본인의 지극히 주관적인 판단이지 않겠느냐고 따져 묻고 싶었지만 그럴 분위기는 이미 아니었다. 마치 '이 공간은 나의 공간이니 당신은 간섭하지 말라'라는 강한 뜻처럼 보였다. 굳이 이렇게까지 반대하는 곳에, 그것도 내가 제일 좋아하는 그림을 놓고 싶지 않았다.

그래서 1층에 있는 무인카페 〈산책〉 한쪽 공간에 살며시 갖다 놓았다. 이곳에 놓는 것은 아내 또한 반대가 없으니까. 또 '이곳은 나의 공간이니까 당신도 간섭하지 말라'는 무언의 저항 표현이기도 했다. 무인카페 〈산책〉은 그런 곳이었다. 내가 무엇을 하든, 그 어떤 것을 가져다 놓든 모든 것이 허락되는 곳. 유일하게 내 마음대로 할 수 있는 곳. 아내도 간섭할 수 없고 손님도 뭐라고 하지 않는 곳.

> 투우장 한쪽에는 소가 안전하다고 느끼는, 사람들에게는 보이지 않는 구역이 있다. 투우사와 싸우다가 지친 소는 자신이 정한 그 장소로 가서 숨을 고르며 힘을 모은다. 기운을 되찾아 계속 싸우기 위해서다. 그곳에 있으면 소는 더이상 두렵지 않다. 소만 아는 그 자리를 스페인어로 퀘렌시아라고 부른다. 피난처, 안식처라는 뜻이다.
> 〈새는 날아가면서 뒤돌아보지 않는다〉. 류시화. 더숲. 12쪽. 2017년.

간혹 사람들은 나에게 왜 이곳을 계속 운영하냐고 묻는 경우가 있다. 무언가 내게 특별한 것을 기대하는 눈치이기도 하다. 뭐라고 딱 꼬집어서 표현할 순 없다. 우선 첫 번째 드는 생각은 설명이 충분치는 않지만 '무조건적인 이해'라고나 할까? 난 이곳 〈산책〉에서 내 존재 자체로의 이해를 받는다는 느낌을 가질 때가 많다. 나라는 그 자체가 자연스럽게 받아들여진다. 내가 전혀 부족해 보이지도 않고 남과의 비교도, 또한 예측할 수 없는 비난의 대상이 되지 않는 안전한 곳. 그 자체로 인정받고 사랑받는 곳이다. 그래서 이 공간은 내 공간이다. 아내가 간섭할 수 없고 힘도 미치지 않는다. 앞서 말했듯 유일하게 내 마음대로 할 수 있는 곳이다.

그리고 이곳은 특별히 하나님의 사랑이 많이 느껴지는 곳이다. 가만히 눈만 감고 있어도 주님의 사랑이 전해진다. 긴 시간 〈산책〉을 지키시고 아끼시는 사랑이 너무 쉽게 느껴진다. 그분의 도움이 아니었다면 어떻게 〈산책〉이 이 경쟁이 치열한 해안도로에서 지금까지 문을 닫지 않고 살아남을 수 있었겠는가! 낡고 색깔이 듬성듬성 벗겨진 책상, 오랜 시간 손님들이 앉아서 삐걱거리는 의자, 빛바랜 포스트잇, 촌스럽고 커다란 냉장고, 전날 손님들의 손에 의해 다소 어지럽혀진 책들까지 모두 내게 익숙한 것들이다. 그 속에서 있으면 왠지 평온해지고 안전감을 느낀다. 그래서 난 이곳에서 편하게 쉴 수 있다.

> 퀘렌시아는 회복의 장소이다. 세상의 위험으로부터 자신이 안전하다고 느끼는 곳, 힘들고 지쳤을 때 기운을 얻는 곳, 본연의 자기 자신에 가장 가까워지는 곳이다. 산양이나 순록이 두려움 없이 풀을 뜯는 비밀의 장소, 독수리가 마음 놓고 둥지를 뜨는 거처, 곤충이 비를 피하는 나뭇잎 뒷면, 땅두더쥐가 숨는 굴 모두 그곳이다.
> 〈새는 날아가면서 뒤돌아보지 않는다〉. 류시화. 더숲. 12쪽. 2017년.

〈산책〉은 나의 퀘렌시아다. 세상의 뜨거운 열기를 피해 나도 이곳에 숨는다. 밖은 모래폭풍이 난무한 사막이지만 이곳은 아무 바람도 없는 오아시스와 같다. 갈증으로 목이 탄 상황에 깨끗한 물이 넘치도록 풍족하다. 난 이곳에서 쉬며 회복한다. 이곳에만 피해 있으면 주님께서 밖에 철옹성같이 지키시기에 안전감을 회복한다. 그렇게 한동안 쉬고 나면 난 다시 용감해지고 힘을 낸다. 비축해 둔 힘을 가지고 다시 세상으로 나가 싸우고 힘들면 또다시 〈산책〉으로 피신한다.

난 돈이 없어도 이곳을 계속 운영하고 싶고, 돈이 있어도 이곳을 운영하고 싶다. 그래서 주님께 시간이 날 때마다 기도하고 있다. 계속 운영하게 해달라고 말이다. 어쩜 이렇게 작고 비밀스러운 장소를 나에게 보여주셨을까?

오늘도 새벽에 일찍 카페에 나갔다. 아침에 눈만 뜨면 〈산책〉에 나간다. 무엇을 더 팔고자 함은 아니다. 그냥 내가 좋아서 나오는 거다. 그렇게 카페에 나가서 문을 열면 〈산책〉 특유의 냄새가 난다. 아는 지인들도 〈산책〉 특유의 냄새가 있다고 했다. 오래된 나무 냄새, 커피 냄새. 10년 내내 맡아왔던 익숙하고 그리운 냄새다. 오늘은 조용히 하나님께 감사기도를 드렸다. 나에게 좋은 것을 주시고자 하는 주님의 마음이 커피 향만큼 진하게 느껴졌다.

〈산책〉카페에 들어오면 생각은 간단해진다. 난 늘 이곳에서 생각이 단순해지고 명료해졌다. 그건 이런 것이다. 매사에 어렵게 생각하지 말자고. 그건 오십을 넘게 살아 온, 그리고 10년 넘게 이곳을 운영하면서 느낀 내 경험이고 믿음이기도 했다. 〈산책〉은 나의 퀘렌시아다.

> 사랑하는 남편이 아픔을 달래던 곳에
> 둘이 되어 함께 왔습니다.
> 지난 시간 남편에게 치유와 평안을 준 이곳이
> 고맙습니다.
> 2021.3.15.〈산책〉포스트잇

이것 말고 다른 일은 하시나요?

 갑자기 핸드폰에 낯선 번호 하나가 뜬다. 순간 긴장된다. 저장되지 않는 번호는 받지 않는다는 사람도 있지만 나는 특히 더 잘 받아야 한다. 무인카페는 늘 변수가 있다. 화장실의 변기가 고장 나기도 하고 에어컨이 말썽을 부리기도 한다. 어떤 날은 점검 때 카페에 가보니 싱크대 물이 그대로 틀어져 있었다. 화장실 세면대의 수돗물도 그런 적이 있다. 그런 광경을 보면 심장이 덜컥 내려앉는다. 도대체 저렇게 방치된 채 몇 시간째 흘러내리고 있었을까!

 심지어 전기가 단전된 경우도 있다. 하지만 카페 내의 전기설비가 문제가 되어 단전된 경우는 여태껏 한 번도 없었다. 그러니까 거의 100% 외부 요인에 의해 단전된 것이다. 이런 경우 바로 전기는 들어온다. 전기가 다시 들어오면 여름철에는 에어컨이 문제고 (사실 이 문제는 없다. 손님들이 바로 다시 켠다.) 냉장고 같은 것은 자동적으로 다시 켜지니 문제가 없는데 카페 음악은 수동으로 다시 켜야 한다. 오늘은 좀 드문 경우이지만 커피머신 기계가 작동이 안 된다는 것이었다. 그래서 전화를 주신 분께는 늘 감사한 마음이 많다. 보고도 전화를 주지 않고 가는 경우도 허다하다. 그렇게 되면 조치는 늦어지고 연이어 다른 분도 불편함을 겪는다. 또 작은 일이 커지는 경우도 많다.

"이것 말고 다른 일은 하시나요?"

수리기사분이 커피머신을 고치다가 문득 나를 보며 묻는다. 무인카페 말고 다른 일을 하냐는 질문이다. 난 이미 그 질문의 의도를 안다. 너무나 많이 듣고 익숙한 질문이기 때문이다. 난 제주 이주와 관련된 온라인 카페를 2009년부터 지금까지 운영하고 있다. 지금이야 너무나 많은 정보와 사이트가 있지만 내가 제주 입도를 할 당시에는 그렇지 않았다. 하나씩 올린 제주 관련 정보와 글에 사람들이 가입하고 글을 쓰면서 조금씩 카페가 커졌다. 그러다가 제주 이주 열풍이 불면서 한때 네이버 대표카페가 되기도 했다.

그때에는 이주를 앞둔 사람들이 매일같이 찾아왔다. 조그마한 정보라도 얻고자 답사를 오면 제주공항에 내리자마자 나와 약속을 잡고 〈산책〉카페로 달려왔다. 어떤 날은 하루에 세 팀을 만나기도 했다. 오전에 한번, 점심에 한번, 저녁에 한번. 그런 날은 카페를 마감하면 녹초가 되었다. 모두가 궁금한 것 천지였고 조금이라도 일찍 제주에 정착해서 살고 있는 카페운영자에게 조언을 구하고자 했다.

"그럼, 서울에서 제주로 이사 올 때 아무런 계획 없이
  바로 오신 건가요?"
"이 정도 위치에서 저도 가게를 하면 보통 얼마를
  계획해야 하는 건가요?"
"혹시 제주에서 추천해 줄 장소는 있나요?"
"이곳 애월 초등학교는 분위기가 어떤가요?"

사람들이 이것저것 묻는다. 난 최대한으로 대답을 해준다. 예전에 아내는 '우리도 매달 마이너스 생활인데 무슨 자격으로 남들에게 조언을 하냐'며 뭐라고 한 적도 있었다. 그 말도 일리는 있다.

하지만 절박하게 달려온 사람들의 고민을 외면할 순 없다. 내가 알고 있는 것을 최대한 알려줄 뿐이다. 그렇게 이야기를 나누다 보면 자신의 고민도 이야기한다. 그럴 수밖에 없다. 사연도 많다. 직장에서 해고통지를 받은 분, 건강이 악화 되신 분, 사업에 망하고 이혼도 하고 무수히 많은 이야기가 있다. 하나같이 모두 육지의 삶에 지친 모습이다.

그러다 문득 그들의 눈에 나의 삶이 좋아 보인다. 아침에 일찍 오픈하고 시간 구애 없이 이렇게 자신과 이야기하며 시간을 보내는 내 모습에 여유를 느낀 듯하다.

그런데 좋긴 한데 뭔가 의문점은 있다. 이렇게 해서는, 이것만 가지고는 먹고살 수 없을 거 같다. 짧은 시간 안에 복잡한 여러 단계의 사고의 끝에 나오는 것이 바로 저 질문이다. 이것 말고 다른 일은 하시나요?

> 당신에겐 단 한 가지 길밖에는 없습니다. 당신의 마음 깊은 곳 속으로 들어가십시오. 가서 당신에게 글을 쓰도록 명하는 그 근거를 캐보십시오. 그 근거가 당신의 심장의 가장 깊은 곳까지 뿌리를 뻗고 있는지 확인해보십시오. 글을 쓸 수 없게 되면 차라리 죽음을 택하겠는지 스스로에게 물어보십시오. 이것을 무엇보다 당신이 맞이하는 밤 중 가장 조용한 시간에 스스로에게 물어보십시오. "나는 글을 꼭 써야 하는가?" 깊은 곳에서 나오는 답을 얻으려면 당신의 가슴 깊은 곳으로 파고 들어가십시오. 만약 이에 대한

답이 긍정적으로 나오면, 즉 이 더없이 진지한 질문에 대해 당신이 "나는 써야만 해."라는 강력하고도 짤막한 말로 답할 수 있으면, 당신의 삶을 이 필연성에 의거하여 만들어 가십시오. 당신의 삶은 당신의 정말 무심하고 하찮은 시간까지도 이 같은 열망에 대한 표시요 증거가 되어야 합니다.

<젊은 시인에게 보내는 편지> 라이너 마리아 릴케. 고려대학교출판문화원. 14쪽. 2006년.

릴케는 자신이 시를 써야 하는가에 대한 젊은 시인의 질문에 대해 이렇게 말했다. 얼마나 많은 초보 시인들이 릴케한테 이런 조언을 부탁했을까는 금방 상상이 된다. 같은 질문을 매번 받게 되면서 릴케는 그렇게 생각했을 것 같다.

이젠 다른 사람한테 이것저것 물어보지 말고 가장 조용한 시간에 자신의 깊은 곳에서 결론을 내리라고. 릴케는 꼭 시를 써야 한다고 말하지 않았고 그렇다고 시를 쓰지 말아야 한다고 하지도 않았다. 그것은 오로지 자신의 판단이고 어떤 것으로 결론이 난다 해도 그 결론대로 살아가면 된다는 것이다. 단 그에 대한 답이 시를 써야 하는 것으로 결론이 난다면 어떤 어려움과 고난이 있더라도 시를 써야 한다고 말하고 있다. 그는 그것을 필연에 의해 살아가는 삶이라고 표현했다.

필연에 의해
살아가는 삶.

 이와 관련된 잊을 수 없는 이야기가 있다. 2009년 11월에 이주해서 그다음 해인 2010년 3월에 〈산책〉카페를 오픈했지만 무인카페 하나만으로는 경제적으로 자립할 수 없었다. 그런데 여러 사정으로 돈이 묶이고 변수가 생기면서 그야말로 무한 마이너스의 늪으로 빠져들게 되었다. 정말 늪이었다. 아무것도 할 수 없이 그대로 서서히 빠져 들어가 결국 죽음에 이르는 늪. 그렇게 장장 3년 동안 마이너스였다. 이주하면서 여윳돈으로 가지고 있었던 모든 돈이 다 말라가는, 그야말로 피 말리는 시간의 연속이었다. 돌아보면 그때가 가장 어려웠던 시간이었다.

 눈 폭풍이 일어나는 한 가운데, 한 치의 앞도 안 보이는 그런 상황이었다. 입도하고 바로 얼마 안 돼서 한겨울에 윗새오름에 올라갔다가 내려오면서 만났던 눈 폭풍과 똑같았다. 같이 올라가기로 했던 분이 한 아이가 발목을 다쳐 올라오지 못하고 그것을 모르고 아이들과 먼저 올라갔던 나는, 내려올 때는 유일하게 어른이 나 혼자였다. 그런 때에 갑자기 기상 상황이 악화되고 눈도 못 뜨는 눈

폭풍 속에서 내 양손에는 초등학생 아이 3명이 매달려 두려움에 휩싸인 채 나만 바라보고 있었다. 하지만 난 그때 눈도 뜰 수 없는 매서운 바람에 방향감각조차 없었다. 거친 눈 폭풍 속에서 아이들이 나만 바라보았듯 그땐 아내와 딸이 내 눈만 바라보았다. 하지만 난 그들 모두에게 나의 상황을 차마 알릴 수 없었다.

지금도 2012년의 겨울을 잊을 순 없다. 이런저런 걱정에 잠도 오지 않고 매일 새벽 일찍 〈산책〉카페에 나갔다. 새벽 5시에도 나가고 새벽 4시에도 나갔다. 한겨울, 매서운 겨울바람이 부는 아무도 없는 해안도로 작은 무인카페에 불이 켜졌다. 주변은 암흑 그 자체였다. 한 가장의 깊은 한숨만이 간간이 나오는 침묵의 공간이었다. 한낮에도 사람이 없는데 꼭두새벽부터 손님이 올 이유는 없었다. 오픈을 서두를 필요가 전혀 없었다. 그래서 그냥 성경도 읽다가 잡생각도 하면서 시간들을 보냈다.

그러다가 어느 날 깜깜한 새벽, 드디어 내 마음 깊은 곳에서 울분이 터져 버렸다. "아니 도대체 뭐가 그렇게 어려운거야! 내가 바라는 것이 그렇게 큰 거야? 그냥 하나님 잘 믿고 우리 세 식구 소박하게 잘 정착하고 싶은 건데 그것이 그렇게 대단한 욕심인거야?" 한겨울, 새벽, 매서운 바람, 아무도 없는 적막한 해안도로, 그리고 작은 무인카페. 울분이 울부짖음이 되고 분노로 커졌다. 오른손으로 주먹을 쥐고 애꿎은 탁자를 세게 내려치기도 했다. 그래도 분이 안 풀렸다. 그런데 얼마의 시간이 흘렀을까? 분노와 절망이 서서히 잦아들면서 내 마음이 고요해지는 그때, 아주 미세한 생각 하나가 들었다.

네가 그렇게 원한다면

그렇게 살면 된다.

 어, 당황스럽네. 처음엔 뭔 소리인가 싶었다. 그런데 가만히 생각해 보니 그도 그럴 것 같았다. '그렇게 하고 싶으면 하면 되지 뭐'라는 느낌과 비슷했다. 얼핏 무심해 보였지만 간결하고 명확했다. 산적한 문제는 어마어마한데 해결책은 너무나 심플했다.
 서둘러 카페를 오픈하고 집으로 달려가서 현재 나의 상황을 정리했다. A4용지를 꺼내 들고 한가운데 줄 하나를 쭉~ 긋고 왼쪽에는 수입, 오른쪽에는 지출이라고 적었다. 수입은 간단했다. 무인카페 수입이 전부였으니까. 지출은 순위를 정했다. 가장 필요한 순서대로 일목요연하게 정리했다. 밥은 먹어야 하니까 쌀과 같은 대강의 식료품 구입비가 1번, 전기세 수도세와 같은 공과금은 2번과 같이 아주 구체적으로 맨 끝번까지 빠짐없이 적었다.

그리고 지출의 밑부분부터(중요도 순서가 낮은) 없애기 시작했다. 수입과 지출이 동등해 질 때까지. 그렇게 하나하나 없애는 중에 자동차 항목이 나왔다. 차를 없애면 한 달에 몇십만 원은 절약이 될 수 있었다. 하지만 장을 보러 갈 때도 걸어가야 하고 멀리 떨어진 아름다운 제주의 바다와 오름도 당분간 안녕이었다. 현재 멀리 시내까지 다니고 있는 교회와도 작별이고 걸어갈 수 있는 인근 교회로 옮겨야 했다. 그런데 신기하게 딱 거기서 멈추었다. 수입과 지출이 드디어 같아졌다. 결론은 자동차는 타고 다니라는 거고 교회는 옮기지 말라는 것이었다. 물론 바다와 오름도 보러 가라는 것이고.

난 결국 이 방법으로 지긋지긋했던 3년간의 마이너스에 마침표를 찍었다. 어떤 것을 더해서, 더 많이 벌어서 극복한 것이 아니었다. 난 내가 좋아하는 무인카페 〈산책〉을 여전히 계속했고 더 바빠지지도 않았다. 무슨 새로운 일을 더 한 것도 없이 지금의 삶 그대로 마이너스를 끊어냈다. 그래서 지금도 잊을 수 없고 내 마음에 계속 살아있다. 에피소드 같긴 하지만 이후의 일도 재미있다. 신기한 몇 가지의 일이 연이어 일어났는데 그렇게 가정 경제가 서서히 안정되어갈 무렵 기존 세입자 임대 기간에 묶여 우리가 사용할 수 없었던 3층을 리모델링 할 수 있는 시간이 도래하면서 숙소도 새롭게 오픈했다. 또 아내도 그 무렵 집과 가까운 곳에 직장을 얻게 되면서 가정 경제는 더욱 좋아졌다.

"형님이 제주에서 제일 부러워요." 제주에서 알게 된 친한 동생이 이런 말을 했다. 오전에 카페를 오픈하고 책도 읽고 산책하면서 빈둥빈둥 노는 듯 살아가는 내가 그의 눈에 좋아 보이나 보다. 그래서 "그럼, 지금 하고 있는 일 그만두고 너도 무인카페 하면 되지."하고 말했더니 두 손을 크게 내저으며 웃으면서 그건 아니라고 한다. 나도 웃었다.

필연에 의해 살아가는 삶.
나는 오늘도 그렇게 무인카페 〈산책〉 문을 연다.

비효율성

 밤 10시가 되어 카페 문을 닫으러 갔더니 카페 밖에 있는 에어컨 실외기 돌아가는 소리가 요란하게 들린다. 그 녀석은 덜덜덜 떨며 온몸을 다해 자신을 불태워가며 카페안 손님들을 위해 쾌적한 온도를 제공해 주고 있었다. 아니나 다를까 아무도 없는 카페 안은 후덥지근한 여름 온도와는 전혀 다른 세상이었다. 별천지가 따로 없다. 너무나 쾌적하고 좋다. 그런데 사람이 한 명도 없다. 카페 앞 주차공간은 이미 차들로 꽉 차 있지만 모두 인근 가게, 숙소 차량이다. 이곳 손님 차량은 없다. 또 적은 인원이라도 카페에 오신 손님분들이 돈이라도 정확히 내주었으면 좋겠지만 그런 보장도 없다. 이곳은 무인카페다. 없는 손님에, 그 또한 모든 것도 손님에게 달려있다.

"전기세는 나와요?"

여름철이 되면 간혹 나오는 질문이다. 오늘도 낮에 나이 지긋하신 어떤 신사분이 살짝 웃으면서 나에게 말했다. 이 질문은 늘 곤란하다. 지금도 어떻게 대답해야 할지 모르겠다. 그렇다고 "나오는데요"라고 간단히 대답할 성질의 문제도 아니다. 추가 질문이 나온다. 그분의 질문은 내 답을 구체적으로 듣고 싶어 하는 것이 아니라 나의 비효율성을 지적하는 것이었기 때문이었다. 이렇게 효율성을 강조하는 질문에 '이건 나의 꿈이었어요', '새로운 삶을 위한 거예요' 등등의 비효율적인 단어를 써 가며 이해시킬 순 없다.

그래서 이 질문에는 구체적인 대답 대신 미소로 대신 할 때가 많다. 하긴 무인카페로 운영하기엔 이곳 장소가 너무 아깝다고 직접적으로 나에게 말하는 분도 있었다. 이해는 충분히 된다. 바닷가 바로 앞, 그것도 바로 마을주차장이 펼쳐져 있는 곳. 카페 앞에는 포구가 있고 넓은 공터도 있다. 어떤 사람은 그래서 이곳이 물이 고이는 곳, 즉 목이 좋은 곳이라고 했다. 이런 기가 막힌 장소에 무인카페라니 쯔쯧.

주변은 이미 카페며 음식점, 선물 가게가 즐비하다. 누구 말대로 치킨 가게나 했으면 아주 효율성이 좋았을 텐데 말이다. 카페 바로 앞에 파라솔도 배치해서 내부의 작은 공간도 커버하고 바다도 보고 음악도 들으면서 치킨에 맥주 한 잔 마시면 참 좋을 텐데... 여름 한 철, 성수기 때만 잘 돌려도 꽤 두둑이 벌 텐데 이렇게 초라한 무인카페라니 한심함이 하늘을 찌른다. 그리고 어쩌다 한두 명 들어올 것 같은 이 공간에 에어컨은 팡팡 틀고 도대체 뭐 하는 짓이람!

그런데 이런 이유로 〈산책〉카페를 좋아해 주는 사람도 있다. 오히려 비효율이 그 사람의 마음을 움직인다. 소박하고 조용한 카페 안. 가격도 착하다. 화려한 볼거리와 비싼 음식, 세련된 카페에 질려버린 소수의 사람들이 이곳에 와서 긴 숨을 쉰다. 주인이 없으니 긴장감도 덜하다. '아. 그래도 제주에 이런 곳도 있구나', '어라, 근데 원두는 유기농이면서 공정무역 원두를 쓰고 있네', '로스팅도 직접 카페지기가 한다고?' 찬찬히 음악을 들으면서 창문에 붙어 있는 무수히 많은 포스트잇을 읽어 본다. 누가 알아주는 것도 아닌데 어떤 포스트잇에는 주인이 친절하게 답글도 달아놓았다. 모처럼의 비효율에 기분 좋게 적응이 되지 않는다.

그냥 비효율적으로 살아도 돼. 물론 네가 원한다면.
각자 다른 삶이 있는 거야. 편하게 살아.
어떻게 매순간 효율성만을 염두에 두고 살 수 있겠어.
좀 숨 좀 쉬고 살자.

이런 것도 배부른 사람이나 하는 소리라고 말하는 분이 많다. 정말 어렵고 배고프면 이런 생각도 못 한다고 말을 한다. 진심으로 동감한다. 세상에는 정말 어렵고 고통스럽게 살아가는 분들이 너무 많다. 하지만 모든 사람들이 배부르면 다 비효율을 꿈꾸는가?

그렇진 않다. 오히려 세상은 최대한의 효율을 유지해야 능력으로 인정받는다. 영혼까지 끌어모아 삶에 효율을 극대화하고 돈을 벌어야 한다. 그렇지 못하면 무능력한 것이다. 당연히 무능력한 사람은 도태되어야 하고 그 자리는 능력이 있는 사람이 채운다. 이런 논리라면 나도 무능력한 사람이 되지 않기 위해서는 〈산책〉카페를 무언가로 바꾸던지, 그렇게 하지 못한다면 문을 닫아야 한다. 전기세라는 단어가 튀어 나올 정도로 비효율의 극치를 달리는 카페를 이 세상이 용납할 이유는 전혀 없어 보인다.

지난 주일에는 한 지인과 중국집에서 짬뽕을 먹는데 거기서 오랜만에 다시 '효율'이라는 단어가 나왔다. 당연히 우리 부부를 아끼는 마음에서 한 말이다. <산책>카페를 더 효율적으로 활용하는 것을 생각해 보라고 한다. 집으로 돌아와서 그분들의 마음이 느껴져서 곰곰이 생각해 보던 중에 갑자기 목사님 말씀이 생각났다. 어떤 일을 결정하기 전에 하나님 앞에 기도는 해 보라고. 사람들이 아무런 기도 없이 성급히 자신의 생각과 판단대로 결정하는 것을 안타까워하면서 말씀하신 것이었다.

그래서
결론적으로
조용히 주님께 기도를 하면............................ ？？？

넌 그냥 까불지 말고 조용히 있어줄래?

뭐 이런 생각이 자꾸 든다.

어제는 탁자 위에 있는 LED 전구를 하나 갈고 오늘은 싱크대 위에 작은 LED 전구 하나를 갈았다. 주님께서 내 머리를 쓰다듬으시면서 '그래. 네가 할 일은 전구를 가는 일이야'라고 칭찬해 주는 것 같았다. 전구를 다시 살핀다. 그런데 오늘 누가 카페 밖에 있는 외부 수도꼭지의 물을 틀고 그냥 가버렸다. 엥? 당황~ '그래. 너가 그다음 할 일은 지금 수도꼭지의 물을 잠그는 일이야' 이 글을 쓰는 지금 이 순간에도 묘한 생각이 든다.

네가 할 일이 있고 내가 할 일이 따로 있거덩~

계산은 꼭 그때그때 이루어지지 않았다

카페 앞, 팔각정에 올레 대형버스가 한 대 섰다. 이곳은 15올레 끝 지점이자 16올레 시작점이다. 사람들이 지친 표정으로 한 명, 두 명 버스 앞으로 모여든다. 오늘은 15코스를 마치고 온 사람들을 싣고 숙소로 이동하려고 버스가 일찍부터 와서 대기하고 있다. 긴 시간 올레길을 걷다 보면 변변한 화장실 하나 발견하지 못할 때가 많다. 그건 나도 올레길을 직접 걸어봐서 아는 사실이다.

그러다가 올레 끝 지점에 이렇게 무인카페 〈산책〉을 발견했다. 피곤한 몸, 땀에 범벅이 된 얼굴, 그간 소변조차 제대로 못 보고 참았던 것들이 한꺼번에 분출된다. 어떤 버스 기사분들은 아예 대놓고 차에 타기 전에 화장실 갈 사람 있으면 무인카페에 가라고 말하기도 한다. <산책>카페 위로 10분만 걸어 올라가면 공중화장실도 있건만 무인카페이기에 사람들은 함부로 이용한다. 한꺼번에 화장실에 사람들이 몰리면서 변기가 고장 난 적도 있었다.

  올레를 걷는 사람만이 화장실을 이용하는 것은 아니다. 이곳에 사는 도민이든 관광객이든 누구든 급하면 무조건 무인카페로 뛰어 들어온다. 동네 화장실이다. 그러다 보니 애꿎은 카페 손님들만 손해를 본다. 편안하게 카페에 앉아 조용히 독서를 하고 있는데 아랑곳하지 않고 왔다 갔다 화장실을 드나들기 때문이다. 워낙 작고 조용한 카페이다 보니 집중이 안 된다. 어떤 손님은 도저히 화가 나서 참지 못하고 나한테 전화를 걸어서 도무지 화장실만 이용하는 사람들 때문에 시끄러워서 카페에서 커피 한 잔 못 마시겠다고 말씀하시는 분도 계신다.

  좀 더 상대방을 배려하는 마음이 있었으면 하는 아쉬움도 들고 화장실만 이용하지 말고 카페도 이용해 주면 좋을 텐데 하는 바람도 있지만 사람들은 대부분 신경조차 쓰지 않는다. 그냥 자신의 생리적 욕구를 충실히 해결할 뿐이다. 문제는 이것만 있는 것이 아니라는 것. 자전거를 타고 가다가, 또는 운동을 하다가 목이 마르면 무인카페로 들어와서 물만 마시고 가고 얼음만 가져가는 분도 있다. 또 카페에 들어와서 아무것도 마시지 않고 이곳 공간만 이용하는 분도 계신다. 당연히 아무 것도 마시지 않았으니 계산은 없다. 여러 명이 와서 정확히 계산을 안 하는 것은 태반이고 둘이 와서 한 잔만 마시면서 부족하면 리필해서 계속 마시기도 한다. 온갖 창의적인 절약법이 이곳 무인카페에는 다 있다. 그래도 이젠 꽤 오래 무인카페를 운영했고 이 모든 일에 초연했다고 생각하지만 간혹 지금도 화가 나는 일이 있다. 그럴 땐 주님 앞에 또다시 이런 기도를 할 수밖에 없다. 이 불쌍한 죄인을 긍휼히 여겨달라고.

갑자기 내 눈앞에 수많은 사건과 사건들이 슬라이드 필름같이 하나하나 빠르게 지나갔다. 그러다가 어느 한 사건에 정지되어 버렸다. 난 이곳 제주에 살면서 주변 사람들한테 도움을 많이 받았는데 특히 인테리어 일을 하고 있는 친구한테 도움을 많이 받았다. <산책>위 2층, 3층 인테리어는 물론이고 몇 년 전에 <산책>카페 주변에 땅을 사서 집을 새롭게 건축할 때도 그 친구가 서울에 있는 일꾼들을 직접 이곳 제주까지 데리고 와서 세 달 만에 건축을 끝내버렸다.

문제는 내가 그때 건축할 돈이 없었다는 것. 나중에 집이 완공되면 집을 담보로 대출을 받아 상환하는 것을 조건으로 친구는 내 집을 지어주기 위해 충실히 넣어 왔던 은행 적금을 깨서 제주에 내려왔다. 그러면서 살다 살다 공사하면서 건축주 돈 없다고 돈 빌려주면서 공사해 보긴 처음이라고 웃으면서 이야기한다.

내가 운이 좋았다고 말하는 사람들이 많다. 어떻게 땅값이 오르기 전에 제주에 와서 그것도 돈이 없는 와중에도 이렇게 목이 좋은 <산책>건물을 샀을까? 또 집 건축을 위해 저렴한 토지를 운 좋게 구입하고 그것으로 부족해서 돈까지 빌려주는 친구를 만나 이곳 제주에서 그토록 애를 먹이는 건축까지 자연스럽게, 편안하게 할 수 있었을까, 라며 부럽다고 말하는 사람도 있다.

또한 올해 <산책> 1층 외관 리모델링을 할 때는 같은 동네에 있는 건축사분께서 무료로 디자인과 공사방법을 도면으로 뽑아주시고 자세히 설명해 주시기도 했다. 지금 생각해도 가슴 쓸어내리는 결정적 순간순간마다 우연이라는 이름으로, 마치 복잡한 퍼즐이 하나하나 조립되듯 딱 맞추어진 일들을 보면 소름이 돋기도 한다.

결국
계산은 이루어졌다!

단지 시간이 길게 걸렸을 뿐.

정확하게, 아니 너무나도 후하게 계산은 이루어졌다.

살면서 나 자신이 운이 좋다는 생각을 한 적은 없다. 어디 가서 우연히 경품행사 하면 뭐 하나 작은 것이라도 타 본 적이 없다. 그런데 제주에 와서 무인카페를 하면서 이상한 반전이 일어났다. 저렴한 비용으로 소박하게 임대해서 무인카페를 1년 정도 하고 있는데 건물주가 몇 번이나 이 건물을 사라고 말했다. 돈이 없어 주저주저하고 있는 나를 보며 만일 사지 않으면 다른 사람한테 팔 수도 있다고 했다. 그래서 어쩔 수 없이 소위 요즘 말하는 은행에서 영끌을 해서 샀다. 남들은 어떻게 그렇게 쌀 때 잘 살 수 있었냐고 운이 좋다고 한다.

집 건축도 원래는 〈산책〉카페 주변에 단독주택을 임대해서 살고 있었는데 어느 날 집 주인이 집을 부수고 큰 건물을 새롭게 짓는다고 말했다. 청천벽력 같은 이야기였다. 그냥 이렇게 〈산책〉카페 주변에 가깝게 있으면서 오래오래 살 수 있을 거라 생각했는데 어느 한 순간에 순진한 아이의 꿈처럼 허망하게 사라져 버렸다. 또 막상 이사를 해야 한다고 생각하니 여러모로 난감하기도 했다. 지금이야 주위에 연립주택이나 빌라 같은 건물이 많이 들어섰지만 내가 이사를 해야 하는 당시에는 그런 건물이 전혀 없었다. 당연히 임대 물건이 없었다. 그렇게 알아보고 알아보다가 결국 임대는 포기하고 직접 땅을 사서 집을 짓기로 했다. 너무 무책임하게 돈 한 푼 없이 말이다.

그런데 그간 〈산책〉 건물이 시세가 올랐다고 전에 해 준 대출보다 좀 더 해주겠다고 은행에서 이야기해서 그것으로 대출을 받아 우선 땅값을 지불했다. 그리고 다시 그 땅으로 대출을 받아 건축 계약금만 치렀다. 나머지 건축 대금은 앞서 이야기했듯이 친구가 자신의 적금을 깨서 완성을 했다. 그리고 집이 완공돼서 다시 대출을 받아 친구의 건축 대금은 모두 지불했다. 건물을 살 생각도, 집을 건축할 계획도 전혀 없었던 나에게 이상하게 이 모든 일이 일어났다.

우연이라는 이름으로 먼 시간을 돌아 결과적으로 내게 좋은 결실을 맺게 한 많은 일들. 사람들은 이 모든 일들을 두고 쉽고 편하게 '운이 좋았어.' 라고 말하고 있다. 물론 나도 운이 좋았다고 생각한다. 그때 사지 않았다면, 그때 건축하지 않았다면 지금은 시도조차 하지 못할 일이었기 때문이다.

하지만 나는 모든 것 뒤에 하나님께서 계신다고 생각한다. 주님께서 지금도 〈산책〉을 지켜보시고 살피신다. 내 기도를 들으신다. 주님은 그분의 방식대로, 그분이 원하시는 시간에 계산을 말끔하게 끝내신다. 그간 〈산책〉카페에서 나를 아쉽게 만든, 미처 계산을 끝내지 않고 도망치듯 사라져 버린 사람들의 계산을 주님이 끝까지 추적해서 대신 끝내신다. 지불하신다. 오늘도 아쉬움이 남는 계산이 있었다. 차곡차곡 청구서를 모아둔다. 언젠가 시간이 다시 흘러 운이라는 이름으로, 아주 우연히 나에게 지불될 것이다. 그것도 아주 후하게.

산책하듯

 추운 겨울철에 오픈 준비를 위해 닫힌 문을 열고 카페에 들어서면 살짝 몸이 움츠려 든다. 입김이 나올까? 궁금증에 허공에 길게 하아~~ 하고 불어보면 입김은 보이지 않는다. 하지만 느낌은 딱 그 온도다. 제주는 겨울에도 웬만하면 영하로 내려가진 않는다. 그래도 겨울은 겨울이다. 서둘러 히터를 작동시킨다. 조용한 카페 내부에 기계음 소리가 제법 크게 들린다. 좀 더 난방효율이 좋은 큰 제품으로 교체하려고 하니 비용이 만만치 않았다. 주저주저하는 사이에 어느덧 10년이 넘는 시간이 흘러 버렸다.

 방은 으슬으슬하게 추웠다. 그 추위 때문에 야곱은 기도에 몰두하기가 어려웠다. 그는 문득 기도문을 너무 빠르게 외우고 있다는 걸 깨닫고 이 또한 용서해 주시길 기도하였다. 그는 욕실의 작은 히터를 켜고 그 앞에서 옷을 갈아입었다. 그제야 따뜻한 온기가 들어, 움츠러든 그의 다리를 풀어주었다. 식탁에 앉아 그는 딱딱한 치즈와 검은 빵을 얇게 잘랐다. 천천히 그것을 먹는 동안 주전자에서는 찻물이 끓고 있었다. 야곱이 차를 준비하고는 각설탕을 잘게 부수어 뜨거운 차에 넣자 단맛이 서서히 녹아들었다.

<빵장수 야곱> 노아벤샤. 김영사. 21쪽. 1990년.

빵장수 야곱이란 책의 첫 장에 나오는 글이다. 왠지 난 이 글이 좋다. 첫 장의 글만 수십 번을 더 읽었다. 글이 하나의 그림이 되어 이미지로 다가온다. 글자 한 자, 한 자 나의 마음에 녹아든다. 방, 추위, 기도, 작은 히터, 온기, 딱딱한 치즈, 검은 빵, 주전자, 찻물, 각설탕, 녹아 들다.

문득 예전 기억이 떠올랐다. 카페 오픈을 위해 여러 준비를 했던 나날들. 야채장사만 해서 내부 인테리어에 대한 개념자체도 없었고 실제 나는 커피에 대한 것은 단골들과 새벽에 마신 믹스커피가 전부였다. 하지만 다행히도 그에 맞는 인연들이 닿아서 내부를 수리하고 전기공사를 하고 책상과 의자를 제작하고 정신없이 오픈 준비를 했다. 그런데 가장 중요한, 카페 이름은 무엇으로 할까에 대해서는 답이 나오지 않았다. 아무리 생각해도 썩 마음에 드는 이름이 없었던 것이다. 오픈 예정일은 점점 다가오고 간판도 제작해야 하는데 이름이 정해지지 않았으니 답답할 뿐이었다.

그렇게 무심하게 시간만 가던 어느 수요일 저녁, 시내에 있는 교회로 수요예배를 드리러 가는 길이었다. 그날따라 유난히 차들은 많았고 차 안에서 신호를 대기하며 무심코 창밖을 바라보는데 한 가족이 밤에 산책하러 나온 모습이 눈에 띄었다. 그런데 그 모습이 어찌나 정겹던지! 딸아이가 아빠 팔짱을 끼며 이야기하고 그 말을 들은 부부는 환한 웃음을 짓고 있었다. 세상에 아름다운 장면이 많이 있겠지만 저것은 분명 그중에 하나이리라.

그러다가 순간 머리에 딱 떠오르는 단어가 있었다. 난 아내에게 흥분하듯 이렇게 말했다.

"산책! 산책? 어때?
 무인카페 〈산책〉!"

무인카페 〈산책〉. 〈산책〉은 그렇게 이름이 지어졌다. 10년이 넘은 지금도 난 이 이름이 너무나 마음에 든다. 부담 없는 이름이다. 이름도 쉬워서 한번 들으면 까먹는 사람도 없다. 산책을 모르는 사람이 어디에 있을까? 그렇게 간판을 달고 영업을 시작하니 아는 지인은 재미있게 나한테 말을 했다. "산책 갈까?" 〈산책〉 카페에

간다는 것이다.

산책하듯이 〈산책〉카페에 갑니다.
산책처럼 나도 살고 싶다.
산책하다가 〈산책〉 왔어요.
산책하듯 인생을 살고 싶어요.

손님들이 써 놓고 간 포스트잇의 메모다. 카페에서 차를 마시다가 사람들은 문득 이 카페가 〈산책〉이었다는 것을 기억해낸다. 갑자기 전력투구하며 내 모든 것을 쏟아붓고 그렇게 열심히 살아왔던 자신의 삶이 떠오른다. 뒤도 안 돌아보고 열심히 살아왔는데 과연 나는 무엇 때문에 그렇게 정신없이 살아왔을까 하는 의문이 들기도 한다.

그런데 이 〈산책〉카페는 내 삶과 반대인 듯 조용히 산책하듯 이곳에 있다. 나는 마라톤과 같이 치열하고 끝이 나지 않을 것 같은 경기 속에서 긴장도 풀지 않고 무진 애를 쓰며 달려왔는데 이곳은 경기 자체가 없는 듯 그냥 산책하며 편안하게 걷고 있는 것 같다. 극단적으로 대비된 이질감에 묘하게 마음이 편해질 무렵 순간 자신도 그렇게 살고 싶다는 생각을 한다. 가볍게 걷고 싶다. 그렇게 산책하듯 살아가고 싶다.

　카페 오픈 준비를 마치고 차가운 나무 의자에 앉았다. 묵직하게 엉덩이로부터 찬 기운이 올라왔지만 조금씩 나의 체온이 옮겨져 따뜻해져 갔다. 그러면서 동시에 들려오는 커피 내리는 소리, 향기. 내 마음도 조금씩 녹아내린다. 바닷가 앞 창가에 앉아 커피 한 모금을 마신다. 빵장수 야곱은 '이것이야말로 앞으로 올 세상에서 우리가 느낄 참 맛일 거야'라고 표현했는데 나는 이 맛을 어떻게 표현해야 할지 도통 감이 서지 않는다.

　카페는 어느 때보다 더 조용하다. 아직 오픈 전이라 창 밖에 사람들은 전혀 없다. 머그컵을 살며시 두 손으로 잡아 보았다. 컵에서 느껴지는 따스한 기운들. 그리고 향과 맛. 평상시보다 더 깊고 진하게 느껴진다. 카페 창문 밖으로 세찬 바람이 불고 있다. 비는 오지 않지만 하늘은 잔뜩 흐려서 금방이라도 비가 내릴 분위기다. 강한 바람이 바닷물을 공기 중에 흩뿌린다. 카페 창문에는 이미 얼룩얼룩 비같이 바닷물이 흩뿌려져 있다. 작은 히터 돌아가는 소리가 조용한 카페에 더욱 크게 들린다. 나도 이곳에서 나만의 단어들을 뽑아낸다. 〈산책〉은 여전히 산책하듯 이 자리에 기적같이 서 있다.

무인카페

추위

히터

커피

로스팅

포스트잇

오래된

조용한

소박함

시간이 지나면 포스트잇은

시간이 지나면 포스트잇은

바래고

떨어진다.

강한 햇빛은 포스트잇을 탈색시킨다. 그 어떤 선명함도 햇빛 아래에서는 재간이 없다. 고개를 빳빳이 들었던 도도함이 어느새 힘을 잃고 맥을 못 춘다. 동시에 포스트잇에 써 놓은 글자까지 사라진다. 연인들의 사랑의 시간, 건강을 기원하는 소망, 행복했던 순간들. 모든 것들이 다 햇빛 아래 옅어지고 끝내 보이지 않게 된다. 자연스러운 상실감이다.

시간이 지나 햇빛에 자연스럽게 보이지 않게 된 글자들을 바라볼 때 느껴지는 묘한 감정이 있다. 아쉽기도 하면서 통쾌감도 섞여 있는 복잡한 감정이다. 제주에 오기 전의 일들이 떠오른다. 왜 그땐 잘하지 못했을까 하는 후회들과 결국 미숙함으로 인해 발생한 삶의 상처와 아쉬움들. 하지만 제주에 온 지 12년이 넘으면서 서울에서의 내 기억들도 서서히 사라져가고 있다. 아주 자연스럽게 치유되고 있다.

세월이 지남에 따라 없어지는 것은 글자만이 아니다. 단단히 붙여 놓았던 포스트잇이 떨어진다. 빽빽하게 적어 놓았던 것이 한순간에 물거품이 된다. 바닥에 떨어져 다른 사람들의 신발에 밟혀 버리는 신세가 된다. 물론 그 자리에 꿋꿋이 잘 붙어있는 것도 있다.

하지만 대부분 자연스럽게 떨어진다. 간혹 사람들은 카페에서 나를 만나면 테이프가 없냐고 물어본다. 아주 단단히, 그 자리에 영원히 고정시키고 싶은 것이다. 없다고 말하는 내 목소리에 실망하는 눈빛을 감출 수 없다. 그래서 손님들 사이에 나름 대안으로 각광받고 있는 것이 일회용 밴드로 고정시키는 것이다. 여행을 가면서 의료 필수품인 일회용 밴드가 이렇게 무인카페에서는 포스트잇을 더욱 단단히 고정하는 용도로 쓰이고 있다.

일회용 밴드까지 동원되어서 고정된 인위적인 포스트잇은 뭔가 부자연스러워 보인다. 살짝 반칙 같아 보이기도 한다. 포스트잇에 한 자 한 자 눌러쓰고 떨어지지 않도록 정성스럽게 붙일 때의 심정은 모두 오래오래 잘 붙어 있기를 바라는 마음이다. 그런데 어떤 사람은 인위적으로 일회용 밴드를 쓰고 심지어 내가 카페 안에 게시물을 고정하는데 사용한 압정까지 빼서 자신의 포스트잇을 붙인다. 그것을 가만히 보면 우린 살아가면서 어떤 것에 대단한 집착을 가지고 있는 것 같기도 하다.

개인적으로 시간이 지나 자연스럽게 떨어져서 사라져 버리는 포스트잇이 깔끔하다고 생각을 한다. 내 기억속에서도 점차 사라지듯 이 카페에 붙여 놓은 흔적 또한 나도 모르게 사라지는 것이 좋을 수 있다. 하지만 우린 그런 자연스러움을 고정하고 유지시키려고 하고 있다. 어쩌면 그 사람은 평생 이곳에 다시 오지 못할 수 있다. 돌아볼 것은 전 세계에 많이 있는데 대한민국에서 제주, 그리고 다시 애월, 또 이곳 고내리의 작은 무인카페에 또다시 들릴 확률은 그렇게 많아 보이지 않는다.

한때는 떨어진 포스트잇을 집에 가져다가 보관했던 적이 있었다. 그것이 정성스럽게 쓰신 분들에 대한 예의라고 생각했다. 하지만 이곳 제주에서 몇 번 이사를 하면서 먼지만 수북이 쌓여가는 포스트잇을 보며 계속 보관하는 것이 의미 없어 보였다. 그래서 지금은 그렇게 하지 않고 있다. 일정 기간 카페 한쪽에 보관했다가 버린다. 그것이 자연스럽고 깔끔하다. 자신의 포스트잇이 없어졌다고 말하는 분들한테 늘 하는 말이 있다. "아... 그러세요. 오늘 이렇게 다시 왔는데 새롭게 한번 써보세요"

예전에 한번은 이런 적도 있었다. 오전에 카페 오픈 준비로 한창이었는데 갑자기 밖에서 요란한 오토바이 굉음 소리가 들렸다. 살짝 유리창으로 바라보니 영화에서 보기만 했던 웅장한 오토바이가 있었고 그 오토바이에 딱 어울리는 아주 터프한 남성분이 멋지게 내렸다. 그리고 짙은 갈색으로 염색한 휘황찬란한 머리카락을 쓰다듬으며 성큼성큼 〈산책〉카페로 들어왔다. 이유는 이랬다.

자신이 속해 있는 모임에서 두 세 커플이 생겼고 자기가 이곳 〈산책〉카페에 앞으로도 영원히 잘 사귈 것을 바라는 마음으로 이름과 함께 포스트잇에 써 놓고 인증샷을 찍은 것이 발단이었다. 그것이 1-2년 전 이야기인데 그중에 한 커플이 최근 헤어졌다. 그래서 그 사람들의 부탁으로 제주에 놀러온 김에 그때 써 놓은 포스트잇을 떼러 오전 일찍부터 일부러 찾아왔다는 것이다. 그러니까 과거의 흔적을 찾아 깨끗이 지워야 한다는 것. 슬프다. 정말.

내 마음 안에 진정한 소망이 아니라면, 그저 한 때의 나의 사사로운 마음들은 대부분 시간이 지남에 따라 자연스럽게 없어진다. 굳이 아침 일찍 오토바이를 타고 와서 직접 떼지 않아도 언젠가는 다 떨어진다. 설사 단단히 붙어 있다 한들 강한 햇빛에 글자가 사라져 나중에는 결국 무슨 내용인지 알 수도 없다. 정리되어야 할 것은 정리가 되고 또 그것이 자연스럽다. 반대로 오직 내 마음 깊은 소망만이 자리를 지킨다. 떨어져도 다시 붙인다. 시간이 지남에 따라 글자가 사라져도 다시 찾아와 또 다시 쓴다. 결국 그것만이 남는다. 모든 것들이 다 사라져도.

> 주님,
> 나에게 단 하나의 소원이 있습니다.
> 나는 오직 그 하나만 구하겠습니다.
> 그것은 한평생 주님의 집에 살면서
> 주님의 자비로우신 모습을 보는 것과,
> 성전에서 주님과 의논하면서 살아가는 것입니다.
>   시편27:4, 새번역

카페를 오픈할 때, 또는 마감하기 위해 밤에 아무도 없는 카페에 있을 때 간혹 주님께 기도드리는 것이 있다.

저는 〈산책〉카페를 계속 운영하고 싶어요.

순간순간 빛에 바래 없어질 무렵, 그리고 접착력이 떨어져서 바닥에 떨어질 때쯤 하나님께 다시 기도한다. '저는 〈산책〉카페를 계속 운영하고 싶어요' 내 마음을 이 카페에 다시 붙여 놓는다. 그럴 때마다 주님께서 천천히 내 마음을 살피신다.

변함이 없구나. 너의 마음은.

3월 1일이면 〈산책〉카페도 오픈한 지 만으로 12년이 된다. 그러면서 나도 오십 대 중반으로 서서히 접어 들어간다. 〈산책〉도 늙고 나도 늙는다. 내가 노인이 되어도 이 〈산책〉카페를 운영하고 있다면 얼마나 감동적일까. 단순히 오래 했다는 것을 넘어 이 보잘것없는 죄인의 작은 소망 끝까지 들어주신 주님의 사랑과 은혜에 깊은 눈물을 흘릴 것 같다.

커피 로스팅

"내가 오늘 너 커피 볶는 줄 알았다."
"거짓말 어떻게 알아?"
"집에서 나올 때부터 냄새가 진동을 하더라."
"거기까지?"
"그래, 대문 열자마자 나더라."

지금은 다른 곳으로 이사를 가고 이곳에 계시지 않지만 늘 오전이면 내가 제공해 주는 공짜 옥수수 티백 한 잔을 마시기 위해 불편한 다리를 이끌고 〈산책〉카페까지 내려오는 동네분이 계셨다. 그런데 그 집과 〈산책〉카페의 거리는 꽤 먼 거리인데 생두를 로스팅하면 그곳까지 냄새가 퍼진다는 거다. 지금도 잘 모르겠다. 직접 그곳에서 커피 볶는 향을 맡아보지 않아서.

처음에는 그냥 원두를 사서 썼다. 서울에 있는 국제기아대책기구에 아는 동생이 한 명 있었고 카페 오픈을 앞두고 원두는 어떤 것을 써야 할까 고민하고 있을 때 그 동생이 생각났다. 취지도 좋았다. 국제기아대책기구에서 취급하는 원두는 유기농이면서 공정무역으로 거래된 멕시코 치아파스 커피였다. 문제는 가격과 보관 기간이었다. 가격에 있어서 생두 자체가 공정무역으로 거래된 것이라서 꽤 비쌌고 그걸 로스팅해서 나한테 공급하니 무인카페로 운영하기에는 부담스러운 가격이었다.

〈산책〉카페는 11년 전이나 지금이나 커피 한 잔은 2천 원이다. 그것마저도 제대로 낸다는 보장이 없었다. 설사 가격 부분에 대해 통 크게 넘어 간다고 해도 이곳 제주도의 택배 상황은 말 그대로 최악이었다. 시간도 많이 걸리고 택배비 역시 문제였다. 그러다 보니 한꺼번에 많은 양을 주문하게 되고 손님이 적은 〈산책〉카페에 원두가 너무 오래 보관된다는 약점을 가지고 있었다.

"로스팅을 직접 하면 좋을 텐데요."

생두 판매 간사님은 그렇게 이야기했다. 치아파스 유기농 생두 한 자루가 69kg. 그것을 사면 도매단가로 싸게 살 수 있고 필요할 때마다 로스팅할 수 있으니 원두도 신선한 상태로 유지할 수 있다. 큰 통의 생두 보관함만 추가로 구매하면 되었다. 이렇게 되면 간단히 가격과 신선함을 동시에 잡는 셈이었다.

하지만 해 본 것이라고는 야채장사가 전부인 내가 로스팅을 어떻게 한단 말인가. 그런데 당시 이 말을 들은 나는 무모하리만큼 적극적이었다. 마치 그것을 해야만 하는 시대적 사명을 가진 사람처럼 바로 로스팅 기계를 구입했다. 물론 소량으로 생두를 볶는 작은 카페용 로스팅 기계로 말이다.

작고 조용한 동네에 커피 향이 솔솔~ 피어나기 시작했다. 동네 사람들도 신기해서 구경하러 오기도 하고 커피를 마시러 온 사람도 재미있어했다. 본격적인 커피 실험이 시작된 것이었다. 당시에는 유튜브도 생소하고 인터넷 정보도 별로 신통한 것이 없었다. 아니, 봐도 잘 이해도 되지 않았다. 내 머릿속은 오직 감자, 고구마, 상추, 버섯과 같은 야채가 전부였다. 그러다 보니 몸으로 직접 경험하면서 하나하나 깨우쳐 가기 시작했다. 어떤 날은 너무 약하게 로스팅해서 문제였고 어느 날은 너무 까맣게 태워서 문제였다.

그러다가 어느 날 카페에서 혼자 커피를 마시다가 우연히 딱 내 입맛에 맞는 맛을 발견했는데 그 원두가 어떤 상태로 로스팅이 되었는지 알 순 없었다. 그렇게 긴 과정속에서 수많은 오류들을 발견하고 최종의 맛을 선택하게 될 때까지 무수히 많은 실험용 원두가 생겨났다. 수없이 내가 마셔도 보았고 실제 〈산책〉카페에 그대로 제공되었다.

그렇게 실험에 실험을 하고 있을 때 이곳 제주에서 카페를 하고 있는 이웃분의 가게를 우연히 방문하게 되었다. 그분은 좋은 원두를 쓰고 계셨지만 내가 처음에 고민했던 것과 마찬가지로 가격 부분에서 약간 부담스러워 하고 계셨다.

그래서 나는 직접 로스팅하면 가격이 많이 떨어질 수 있는데 한번 도전을 해 보는 것이 어떻겠냐고 제안해 보았다. 왜냐하면 나와 같이 야채장사를 하신 분도 아니고 또 그 카페에는 커피에 대해 전문적인 지식을 가진 직원도 있었다. 시도만 한다면 나보다 훨씬 더 빨리 정확한 맛을 잡을 수 있지 않을까 하는 아주 단순한 생각 때문이었다. 그때 사장님도 솔직히 그러고 싶은 마음은 있는데 오랫동안 커피를 담당했던 직원이 완성도가 있지 않은 상태의 원두를 손님들한테 제공하고 싶은 마음이 없다고 해서 더이상 진행

되지는 않고 있다고 했다.

 그 카페는 결국 2년이 지나 문을 닫을 때까지 그 방식을 고수했다. 물론 원두 가격 때문에 문을 닫은 것도 아니고 최고의 좋은 것을 손님한테 제공하겠다는 마음에 대해서도 공감되는 부분이 많았다. 하지만 그때 처음으로 내가 무인카페를 한다는 것이 다행이라는 생각을 했다. 왜냐하면 무인카페는 일반적인 카페와는 다른 점이 많이 있었다. 물론 무인카페라도 커피 맛에 최선을 다해야 한다. 하지만 최고의 맛을 추구하는 분은 무인카페를 방문하지는 않는다. 대신 우연히 들어오기도 하고 신기해서 오는 분들도 많다.

 또 무난한 커피 맛 플러스에 주인이 없는 편안함과 저렴한 가격 때문에 오는 분들도 있다. 물론 그 밖에 내가 모르는 많은 이유들이 있겠지만 확실한 것은 기존 카페와는 평가의 기준 자체가 달랐다. 그분들의 관심은 최고의 커피 맛보다는 '어~ 무인카페인데 유기농 원두를 쓰고 있네' 라든지 '이게 운영이 될까?', '사람들은 돈을 잘 내고 갈까?', '이런 공간을 운영하는 사람은 도대체 뭐 하는 사람일까?' 등과 같은 것이었다.

 새로운 기준은 같은 공간을 전혀 다르게 평가한다. 손님들은 이 공간에서 나에게 전혀 다른 것을 원한다. 특히 이곳을 자주 찾는 분들은 한결같이 나에게 이런 말을 한다.

"처음 마음 잃지 말고 끝까지 잘 운영해줘."

이 단순한 사실이 그분들이 나에게 원하는 전부다. 나는 거기에 내 힘을 집중해야 한다. 또 어떤 면에서 분산된 관심과 힘은 나를 긴 시간 이 자리에서 버티지 못하게 했을 수도 있다. 다행히 이젠 나도 10년 가까이 직접 로스팅을 하면서 어느 정도 내 카페만의 독특한 맛을 찾았다. 완벽하다고 할 순 없지만 무인카페라는 환경과 가격의 테두리 안에서 스스로 만족하고 있다. 그러면서 손님들도 조금씩 나아지는 커피 맛에 칭찬을 해 주시고 가시는 분들도 생겼다. 참 감사한 일이다.

얼마 전에는 주문했던 생두가 집에 도착했다. 그동안 〈산책〉카페와 생두를 담당했던 간사님이 네 번 바뀌었다. 두 번은 남자분으로 두 번은 여자분으로. 내년에는 다시 다섯 번째로 담당자가 바뀔지도 모른다. 정말 긴 세월이다.

오늘도 카페를 오픈하면서 로스팅을 했다. 매일은 아니더라도

2-3일에는 반드시 로스팅을 해야 한다. 카페 안이 커피 볶는 향으로 가득했다. 어쩌면 이 향은 〈산책〉카페를 사랑해주고 이해해 주는 그분들의 향기인지도 모르겠다.

3부

지금도 여전히 산책 중

주체할 수 없는 시간

 자다가 눈이 떠졌다. 밤 10시 조금 넘어서 잤고 한참을 잤다고 생각했는데 깨어보니 자정이 조금 넘어 있었다. 어제 커피를 많이 마셨나? 이런 생각을 채 하기도 전에 다시 잠이 든다. 그렇게 다음 깬 시간이 새벽 5시 30분이었다. 일어나야 하는지 잠깐 고민을 한다. 비몽사몽 이불을 개고 화장실로 가서 세수를 하고 물 한 잔을 마신 후 카페로 나가기 위해 옷을 주섬주섬 입었다.

 거실 밖 유리창에 우리 집 강아지 요거트가 엎드려서 고개만 살짝 든 채로 나를 보고 있다. '지금 나가려고?', '그래, 나갈 거다. 넌 좀 더 자라.' 눈빛으로 무언의 대화를 마치고 마당에 얌전히 주차되어 있는 차로 걸어가는 동안 그새 동이 텄다. 아직 환할 정도는 아닌데 그래도 제법 멀리 있는 물체까지 구별되는 정도다. 새벽 공기가 신선하다. 바람도 기분 좋을 정도로 불고 있다.

'음 딱 걷기에 좋은 날씨군.' 예전에는 카페에 나가면 바로 오픈 준비를 했다. 하지만 요즘은 그러지 않는다. 더운 여름철에 새벽에 걷지 못하면 하루 종일 운동을 하지 못할 때가 많다. 우선 걷자. 사실 바쁠 것도 없다. 차 트렁크를 열어서 걷기 좋은 운동화로 갈아 신고 이어폰을 귀에 꽂는다. 어제 새롭게 다운 받은 음악이 귀에 울려 퍼진다.

그래, 난 무인카페 사장이다.

오늘 일정은 당연히~ 특별히~ 없다! 누구를 만날 계획도, 할 일도 없다. 아무것도 없다. 정말 없다. 어느 광고처럼 미치도록 아무것도 하고 싶지 않은 것이 아니라 미치도록 할 일이 예정되어 있지 않다. 어느 누구도 나를 재촉하지 않는다. 손님들과의 정식 약속 시간, 오전 9시까지만 문을 열면 된다. 그전까지는 나는 어느 누구의 신의를 저버린 것도 없고 내 일을 게을리한 것도 아니다. 난 열심히 하고 있다.

　새벽 6시. 해안도로를 걷는다. 도로가 조금 어수선하다. 술 몇 병이 어지럽게 널려 있고 과자봉지 몇 개가 바람에 날리고 있다. 해안도로 가로등이 채 꺼지지 않았다. 왼편으로 끝없이 펼쳐진 제주 바다가 보이고 오른쪽은 카페와 펜션이 즐비하다. 저 멀리 고내포구의 빨간 등대도 보인다. 문득 "난 그래서 바다 쪽만 바라봐"라고 웃으면서 이야기했던 어느 분이 생각났다. 몇 년 전부터 해안 근처 곳곳에 생기는 수많은 펜션과 카페를 보며 사람들이 불편한 듯 이야기했던 것에 대한 어느 분의 답변이었다. 나도 나이가 들어서 내 힘으로 어쩔 수 없는 것들에 대해 저렇게 현명하고 지혜롭게 말할 수 있었음 좋겠다.

　걷다 보니 신엄포구에 이르렀다. 해안 갯강구 벌레가 소스라치듯 근처 바위 속으로, 풀 속으로 숨어 버린다. 좀 징그럽기도 하지만 아무도 없는 새벽 해안도로를 걸을 때 발견할 수 있는 장면이기도 하다. 시간이 조금 지나서일까 한 명 두 명 사람들이 산책하러 해안도로에 나왔다. 주로 나이가 조금 있으신 관광객들이다. 잠이 막 깨어 할아버지 손을 잡고 한쪽 눈을 비비는 어린 손자의 모습에 살짝 웃음이 나왔다.

인생에는 기이한 역설이 하나 존재한다. 즉, 우리는 목표를 달성하지 못하면서도 갖가지 일에 엄청난 수고를 아끼지 않는 반면에, 우리 생애의 가장 의미 있는 성공들은 우리의 큰 노력없이 그리고 미리 사전에 작업을 벌이는 일이 없이, 왜 어떻게 이루어지는지도 분명히 알지 못하는 가운데 성취되고 있다.
<모험으로 사는 인생> 폴 투르니에. 한국기독학생회출판부. 148쪽. 1994쪽.

때론 난 제주에 있는 내가 스스로 믿어지지 않을 때가 있다. 그건 제주에 있으면서 순간순간 행복함을 느낄 때 이런 감정을 가지게 된다. 지금 내 눈앞에 있는 풍경, 느낌, 현실이 오히려 결코 이룰 수 없는 비현실적인 꿈처럼 느껴지게 한다. 이런 정반대의 어떤 것들이 교차되며 착각을 일으키는 경험은 해 본 사람만이 알 수 있다.

지금도 내 눈 앞에 펼쳐진 아름다운 제주 바다는 실제 존재하는 건지, 그리고 너무나 행복해 하는 나는 지금 현재 제주에 있는 것은 정말 맞는 건지 하는 착각이 생기는 것이다. 그러면서 폴 투르니에의 말에 깊게 공감을 하게 된다. 그간 열심히 살았던 서울에서의 40년, 그에 비해 별로 이룬 것도, 내 삶을 획기적으로 바꾼 것도 없다. 하지만 사전에 꼼꼼히 계획하고 열심히 한 것도 없었는데 우연히 제주에 와서 〈산책〉카페도 오픈하고 의미 있는 결실도 만들어 냈다. 왜 이런 일이, 어떻게 이루어지는지도 모른 채 거저 주어지듯 지금 내 눈앞에 살며시 놓여 있다.

그렇게 방금 산책을 끝냈는데도 아직 오전 7시가 안 되었다. 카페 문을 열고 들어가니 덥고 습한 공기가 훅 하고 내 몸을 감쌌다. 서둘러 에어컨을 켰다. 간혹 창밖으로 차 몇 대가 무심히 지나간다. 어떤 차들은 새벽에 불 켜진 무인카페가 궁금했는지 가다 말고 한참을 지켜보다가 가기도 한다. 하지만 신경 쓰지 않고 내 할 일에 집중한다. 비워진 유리병에 허브티를 보충하고 설탕을 채워 넣고 냉장고 안 얼음도 새롭게 채워 넣는다. 낡은 커피머신도 깨끗이 닦는다. 카페 바닥도 깨끗이 쓸고 걸레질도 한다.

그러다가 문득 커피 한 잔을 마시고 싶어서 버튼을 눌렀다. 아무도 없는 조용한 카페 내부가 원두 갈리는 소리로 요란해진다. 그 소리를 들으면서 다시 한번 깨닫게 되었다. 가게 오픈을 끝내고 아무 할 일이 계획되어 있지 않다는 사실을. 이상하게 이 사실 하나가 나를 묘하게 흥분시킨다. 문득 예전 초등학교 때 여름방학 계획표가 생각났다. 방학이 되면 으레 도화지에 커다란 원 하나를 그리고, 시계표시를 한 후 기상부터 잠자기까지 하루 일정표를 기록하는 것이 꼭 숙제로 나왔었다. 그런데 지금 내 하루 일정표는 새벽 5시 30분에 기상해서 산책을 한 시간하고 카페 오픈에 30분이 걸린다. 그리고 나머지 전부는 자유시간이다.

카페를 오픈하고 집에 돌아오면 아내는 늘 신문을 보고 있다. 집은 언제나 조용하다. 하나뿐인 딸아이는 지금 육지에서 학교를 다니고 있다. 집안에는 오직 아내와 나 그리고 지금 이렇게 신문을 살짝살짝 넘기는 소리뿐이다. 아침 식사를 끝내면 그때부터 본격적인 무인카페 사장의 무한한 자유의 시간으로 들어간다. 평범한 회사원과 자영업자들이 상상할 수 없는 그 무한대의 자유. 우선 먼저 사려니 숲길이나 삼다수 숲길 같은 아름다운 숲을 갈 수 있다.

하지만 오전에 아침 운동을 해서 다시 숲에 가는 것이 부담스럽다면 이번에 새롭게 〈산책〉카페 2층에 오픈한 문화〈산책〉에 올라가서 하루 종일 책을 봐도 좋다. 요즘은 독서 대신 이렇게 글을 쓰기도 한다. 아름다운 숲과 책, 그리고 글, 자유. 이 느낌을 어떻게 설명할 길이 없다.

늘 시간이 넘치는 나는, 어디든지 가고 누구든지 만난다. 특히 제주에 와서 새롭게 변한 것이 누구든지 만난다는 것이다. 만나는 대상에 제한이 없다. 누군 만나고 누구는 만나지 않고 하는 구별이 없다. 예전에 서울에 있을 때는 그렇지 않았다. 아주 제한적인 몇 명만 만났다. 만나지 않아도 될 사람을 굳이 만나고 싶지 않았고 또 그럴 필요도 없었다. 하지만 이곳 제주에서는 이상하게 마음이 열려있다. 나를 보고 싶어 하는, 내가 필요해서 연락이 오는 누구든지 나는 시간을 내어 주고 그들의 말을 들어준다. 그들과 이야기한다. 이것이 시간과 관련이 있는 것일까?

교수이자 사제이며 영성가였던 헨리 나우웬은 이 세대의 가장 큰 유혹을 사람을 가려서 상대하고픈 유혹이라고 했다. 내 유용에 맞게 사람을 선택하고 구분하면서 만남의 폭을 좁히고 선을 그어 버리는 것. 하긴 정신없이 바쁘다가 모처럼 시간이 생겼는데 그것을 별 필요 없고 재미없는 사람과 보낼 순 없지 않을까 하는 조급함으로 거절하는 것이 아닌지 생각을 해 본다. 하지만 나는 시간이 무궁무진하다. 상관없다. 넘치는 시간은 사람에 대해서도 관대하게 만든다.

밤 10시가 되어 마감하기 위해 카페에 왔다. 오늘따라 하루가 유난히 긴 것 같으면서도, 금방 지난 것 같은 이중적인 느낌이 든다. 고즈넉하게 고내포구 밤을 은은하게 비추고 있는 〈산책〉무인카페. 은은한 형광색 조명과 여러 색깔의 포스트잇이 유리 창문 밖으로 선명하게 보인다. 지금 카페 밖은 밤 해무가 짙게 올라왔다. 이렇게 해무가 올라오는 밤은 주변이 신비롭게 변한다. 간혹 지나가는 차량이 비상등을 켜고 천천히 운전하며 간다. 폴 투르니에의 말처럼 내 삶 가장 의미 있는 성공이 나의 노력과 계획에 상관없이 거저 주어지듯 내 앞에 성큼 서 있다. 해무만큼 신비롭다.

아침 여행

어느 때인가부터 우리 부부는 아침에 일찍, 여행 아닌 여행을 떠나게 되었다. 우린 이것을 그냥 아침 여행이라 불렀다. 집주변을 간단히 가고 산책하는 것이 아니라 몇 가지 준비를 하고 비교적 먼 거리를 가는 여행 같지 않은 여행이다. 아침 여행을 가기 위해서는 여름의 경우 늦어도 새벽 5시 30분에는 일어나야 한다. 겨울이라면 6시도 괜찮을 것 같다. 그보다 늦으면 경험컨대 한적한 아침 여행의 묘미는 약간 떨어진다.

전날에 카페 오픈 준비는 미리 다 해둔다. 그리고 일어나자마자 간단한 채비와 함께 카페에 나가 불만 켜고 바로 계획했던 장소로 출발한다. 무인카페이기에 가능한 여행이다. 출발시간은 오전 6시다.

〈산책〉카페는 연중무휴다. 10년이 넘게 카페를 운영했지만 어디를 놀러 가면서 문을 닫은 적은 한 번도 없었다. 나는 일 년 내내 문을 연다. 그건 서울에서 야채 도매를 하면서 익혔던 습관이었다. 나에게 장사를 가르쳐 주셨던 아버님은 늘 근면을 강조했다. 문을 닫는 것은 그분한테는 상상조차 할 수 없는 일이었다(일 년 내내 구정과 추석 연휴만 빼고 문을 열었었다.). 보통의 가게와는 다른 점이 많은 무인카페라서 그동안 별 어려움은 없었지만 그래도 조금은 빡빡한 운영이다.

그래서 현재 〈산책〉카페가 가지고 있는 장점을 최대한으로 살려 보면 어떨까 하는 마음에서 아침 여행을 계획하게 되었다. 알다시피 무인카페의 최대 장점은 오픈하면 그때부터 우린 가게에 있지 않아도 된다는 것이다. 카페 마감을 위해 1박은 할 수 없지만 하루 중 오픈 이후의 모든 시간은 우리가 자유롭게 보낼 수 있었다.

목표는 거창하게 잡진 않았지만 여행이라는 묘미는 최대한 살리기로 했다. 가급적 집으로부터 멀리 떠난다는 것이 핵심이다. 평상시에 잘 다니지 않는 곳, 익숙하지 않은 곳으로 멀리 떠난다. 사람들이 많이 하는 착각 중에 제주에 이주를 하면 '예쁘고 좋은 곳을 많이 돌아다닐 수 있어 좋겠네'라는 생각이다. 그건 반은 맞고 반은 틀리다. 이곳 제주에서도 먹고 사는 문제는 예외가 없다. 그래서 보통 자신이 일하는 사업장 그리고 집, 이렇게 무한 반복의 삶이다. 물론 이곳 제주가 육지에 비해 접근성은 훨씬 좋다. 아름다운 곳도 너무 많고 실제 마음먹고 가려고 하면 갈 수 있는 기회도 많다. 우리 부부는 최대한 자주, 삶에서 여행의 묘미를 살리고 싶었다.

우린 멀리멀리 떠났다. 보통의 사람들이 아침에 갈 수 없는, 상상할 수 없는 먼 곳을 갔다. 이것이 우리의 삶을 생동감 있게 만들었다. 40년을 살았던 서울을 떠나 그간 이곳 제주에서 낯선 이방인이 되어 살아가다가 어느 날 문득 아침 여행때에는 도민이 아닌 관광객이 되어 돌아다녔다.

아직도 첫 번째 아침 여행을 했던 성산일출봉은 잊을 수가 없다. 성산에서 우리 집까지 65km. 새벽바람을 가르고 창문을 열고 음악을 들으면서 한적한 도로를 달렸던 그때의 기분. 그리고 우리 부부의 환호성. 저 멀리 성산일출봉이 보이기 시작했을 때는 가슴이 쿵쾅거리며 설레이기도 했었다.

"성산일출봉이 동쪽에 있어서 다행이야. 서쪽에서는 쉽게 갈 수 없으니 이렇게 간혹 보면 더 좋잖아."

아내는 특히 성산일출봉을 좋아한다. 우린 서쪽 애월에 살고 있고 성산일출봉은 동쪽 끝 편에 있다. 제주에 이주를 하게 되면 이곳이 제주시와 서귀포시로 구분되어 있다는 것 외에 동쪽과 서쪽으로도 구분되어 있음을 알게 된다. 동서의 구분은 살아가면서 생기는 자연스러운 구분이었다. 제주, 그리고 섬이라는 환경은 어떤 식으로든 사람들에게 영향을 미친다. 서울에서 살 때 그렇게 어디를 가는 것들이 어렵지 않은 사람도 막상 제주에 오면 섬이라는 작은 테두리 안에 갇히게 된다. 좀처럼 멀리 가지 않는다. 지도에서 보면 제주라는 섬의 모양이 완전히 둥근 형태의 원이 아니라 길다란 타원형의 모습을 가지고 있음을 알게 된다. 당연히 같은 서쪽을 위아래로 이동할 때보다 동과 서를 잇는 거리가 더 먼 경우가 많다. 그래서 한번 서쪽에 살면 동쪽으로 가는 것이 힘들고 한번 동쪽에 살면 서쪽으로 이동하는 것이 힘들다.

우리 역시 마찬가지였다. 그러다가 이렇게 아침 여행을 통해 동쪽의 상징인 성산일출봉을 보러 갈 때면 아~ 드디어 우리가 낯설고 새로운 세계로 들어가는구나, 라는 인식과 함께 도민이 아닌 관광객의 느낌으로 주변을 둘러보게 된다. 정말 우리는 지금 여행을 온 것이었다.

꼭 유명한 곳만 가는 곳은 아니다. 이름 없는 작은 포구를 아침 여행의 선택지로 삼았을 때도 있었다. 우리 〈산책〉카페 앞에도 고내포구가 있다. 이렇게 제주에는 작은 포구들이 많이 있다. 그중에 어느 날 우리는 남원에 있는 망장포구로 출발했다. 망장포구는 내가 올레 5코스를 걸었을 때에 문득 스쳐 지나갔던 포구였다. 올레길 아래로 망장포구로 내려가는 길이 있었지만 난 그때 여정이 조금은 힘들어서 애써 외면하며 지나갔던 곳이었다.

하지만 오늘은 오로지 그 작은 포구 하나만을 목표로 삼고 아침 여행을 떠났다. 이것도 50km가 넘는 여정이었다. 이렇게 도착한 망장포구는 구름 한 점 없는 아주 맑은 날씨였고 햇살 아래 윤슬이 반짝반짝 빛나고 있었다. 우리가 잠시 포구를 둘러보며 감탄 아닌 감탄을 하고 있을 무렵 갑자기 해녀들을 태운 낡은 트럭 한 대가 조용한 포구의 분위기를 깨며 나타났다. 이윽고 어구 하나씩을 메고 차에서 내리고 있는 해녀들. 맑은 하늘과 푸른 바다를 사이에 두고 서로를 향해 웃는 맑은 웃음과 다소 알아듣기 어려운 사투리. 그러면서 잔잔한 표면에 반짝이는 윤슬 아래로 서서히 사라져 버리는 풍경이란 직접 보지 않고는 알 수 없는 그런 것이었다.

이런 아름다운 자연만이 아니라 좋은 카페에 가서 아침에 커피 한 잔을 마시는 여정을 아침 여행 코스로 삼은 적도 있었다. 애월에서 출발해 평화로를 거쳐 이 역시 50km 가까이 가는 여정이다. <산책>카페도 카페이고 똑같은 브랜드의, 비슷한 규모로 바다를 전망한 아름다운 카페가 집 근처에도 많이 있다. 같은 시간에 오픈하고 메뉴도 똑같다. 그런데 굳이 이렇게 멀리까지 가서 커피 한 잔만 하고 온다고? 하지만 우린 너무나 즐겁게 이 여정을 즐겼다. 평화로를 달리는 내내 우린 차 안에서 깔깔대고 웃으면서 즐거워했다. 서귀포로 내려가는 중간에 저 멀리 보이는 웅장한 산방산이 마치 '고 녀석들 참...' 하면서 웃으며 반기는 것 같았다.

아침 여행이 좋은 것은 유명한 성산일출봉을 가든, 수많은 포구 중의 하나인 망장포구를 가든, 이렇게 흔한 프렌차이즈 카페를 가든 거기서 나누는 이야기들은 평소 우리 부부가 하는 이야기와는 달랐다는 데에 있다. 우린 성산일출봉 주변을 산책하면서 우리들의 노년에 대해 이야기했고 카페에서 커피 한 잔을 할 때는 12년 전 주변의 모든 사람들의 반대를 넘고 제주에 온 것을 기억했다.

그리고 한적한 망장포구에서는 무인카페를 하며 쟁취한 여유와 쉼에 대해서 감사함을 나누는 시간들을 가졌다. 아침 여행만이 줄 수 있는 이런 묘미들로 우린 한 주간을, 어떤 경우에는 한 달 내내 들떠서 지내기도 했다. 또 우린 아침 여행의 장소에서 다음 아침 여행을 계획했다. 그리고 여건이 되면 며칠이 지나지 않아도 바로 출발했다. 준비할 것도 거칠 것도 별로 없었다. 그것은 곧바로 우리 삶에 현실이 되어 나타났다.

> 여러분에게도 그분이 달콤한가? 그렇다면 그분은 여러분의 입맛에 맞는 것이다.
> 〈예수님의 임재 즐거움〉 찰스 스펄전. 브니엘. 60쪽. 2008년.

찰스 스펄전은 그의 책에서 우리 영혼을 주님의 그늘 아래서 비로소 쉼을 얻고 안식을 찾는 것으로 표현했다. 우연히 찾은 나무 그늘 아래 우린 편하게 쉰다. 그 나무가 사과나무인 줄도 몰랐다. 그저 저 뜨거운 햇살을 피하고만 싶었다. 그런데 그늘을 발견한 행운만으로도 모자라 쉬고 있는 중간에 그의 머리 앞으로 사과 한 개가 떨어졌다. 물론 아무런 수고함도 없이 아주 우연히. 그때가 되어서야 그 나무가 사과나무인 줄 알았다. 배고픔과 허기에 고민할 필요도 없이 한 입 크게 베어 물었는데 세상에나 이렇게나 맛있을 줄은!

내 입맛에 딱 맞았다. 나 또한 세상살이에 지쳐, 저 강렬한 햇빛만을 피하고자 무작정 제주로 피신해 왔다. 그때는 그저 그늘에 쉬는 것이 목표이자 전부였다. 그러다가 우연히 무인카페 〈산책〉을 만났다. 깊고도 넓게 드리운 넉넉한 그늘. 이제야 숨 좀 쉴 것 같다고 생각한 순간 내 눈앞으로 열매 한 개가 떨어진다. 도대체 이게 무슨 열매일까? 잠깐 당황하는 사이에 열매 한 개가 더 떨어진다. 그러더니 또 한 개가 다시 떨어진다. 다시 또 떨어진다. 열매가 한두 개가 아니다. 모두 제각기 다른 열매다. 아침 여행은 그 많은 열매 중 하나였다.

아침 여행을 하면서 간혹 인스타나 블로그에 소식을 올리니 주변에 있는 지인들이 많이 부러워한다. 때론 부담스러울 때가 있다. 나만 뭐 이렇게 행복하면 될까? 라는 생각도 든다. 하지만 시간이 지나 간혹 그들 중에 우리의 아침 여행을 보고 똑같이 아침 여행을 떠났다는 소식을 듣게 된다. 난 그것이 정말 좋다. 그들도 주변에 우연히 떨어진 사과 열매를 주워 입에 넣고 성큼 베어 물었으면 좋겠다. 사과 열매가 그들의 입맛에 맞길 바라면서...

현미채식

현미밥1/3, 사과1개, 김3장, 상추2장, 깻잎2장, 양배추, 당근 썰어놓은 것 약간.

오늘 내 아침 식단이다. 고기, 생선, 계란, 우유 등과 같은 동물성 단백질은 가급적 섭취하지 않는다. 떡, 빵과 같은 가공 곡물도 안 먹으려고 노력한다. 이렇게 포지션을 잡으면 외식은 불가능하다. 거의 먹을 것이 없다. 물론 모든 것을 철두철미하게 지킬 순 없다.

가끔 먹을 때도 있다. 어제는 아내가 각종 야채와 함께 돼지고

기를 너무나 맛있게 볶았다. 남편이 이와 같이 굳은 결심을 하고 뭔가를 해 나가면 이것을 충분히 이해하고 같이 동참하면 좋으련만 그녀는 그럴 생각이 없다. 오히려 그전보다 더 맛있게, 네가 이래도 안 먹을 거야, 하면서 고품격으로 조리해 내는듯한 느낌을 받는다. 그땐 한두 점 먹어 볼 때도 있다. 이렇게 정성을 쏟는데 예의상 이 정도는 넘어가 줘야 할 것도 같았기에.

시발점은 이랬다. 원래부터 고기를 비롯해 육식을 좋아하고 서양인들이 좋아할 만한 것은 다 좋아하는 체질이었다. 집에서 마시는 커피도 꼭 우유를 데워서 에스프레소를 추가한 라테를 즐겼다. 온라인에서 좋아하는 버터를 대량으로 주문해 먹기 좋은 크기로 썰어서 냉동실에 쟁여놓고 먹었다. 땅콩쨈도 마찬가지였다. 과자도 그렇고 달콤한 빵도, 모든 것들이 나에게는 오케이였다. 그러다 보니 어느 날 건강검진에서 혈압에 경고등이 들어왔다.

빨간색, 그러면서 빙글빙글 돌아가는 낯익은 경고등이었다. 나는 경고라는 말에 꽤 민감한 편이다. 12년 전, 제주로 오게 된 이유가 경고등을 무시한 결과였기 때문이었다. 서울에서 장사했을 때 나는 꽤 안정적인 편에 속했다. 야채 중매인이라는 것이 그랬다. 진입 장벽이 높아서 아무나 하고 싶다고 할 수 있는 일이 아니었다. 나는 이미 테두리 안에 들어가 있었고 잘만 관리하면 나름 부족한 것 없이 살 수도 있었다. 그런데 모든 것이 순탄하게만 끝나면 이야기는 재미가 없는 법. 난 거기에 부응하듯 내 삶에 감사하지 못하고 방황을 했다. 장사도 하기 싫고 왠지 그땐 술도 많이 마셨다. 당시 내 주위에 많은 사람들이 나를 보며 걱정 어린 조언을 했다. 그러면 안 된다고. 지금 이렇게 글을 쓰면서 지난 일을 생각하면 후회도 후회지만 왜 그렇게 밖에 못 했을까 하는 거룩한 분노까지 일어난다. 하지만 지나간 시간은 늘 그렇듯 어쩔 수가 없다. 점점 단골 관리도 안 되고 매출도 떨어져 갔다. 1차 경고등이 켜진 것이다.

1차 경고를 무시하면 다시 2차 경고등이 켜진다. 2차가 끝나면 또다시 3차 경고등이 켜진다. 보통 3차까지 무시하면 삶이든 건강이든 문제가 크게 발생한다. 나는 아주 모범생답게(?) 정확한 절차를 거쳐 문젯거리를 한 아름 가지고 제주에 왔다. 그러면서 그간 서울에서 경고를 받아왔던 것들을 이곳 제주에서 말끔하게 정리했다. 정리는 다시 역순이다. 3차 경고등이 꺼지고 다시 2차 경고등이 꺼진다. 그리고 1차 경고등도 꺼지고 녹색 불이다. 안전하다. 그런데 이번에는 몸에 경고등이 켜진 것이다. 난 그것을 아주 예민하게 받아들였다. 비록 1차이긴 해도.

혈압약이란 단어가 내 인생에 처음 등장하는 순간 어느 병원에서는 가장 낮은 단계의 혈압약을 처방해 주었고 어느 병원에서는 혈압약을 미리 먹을 필요는 없다, 우선 지켜보고 관리를 해보자, 그런 다음 그래도 조절이 안 되면 혈압약을 먹도록 하자라는 두 가지 처방이 나왔다. 나는 우선 혈압약을 먹지 않는 것으로 결정을 하고 그다음 혈압에 대한 온갖 자료를 다 찾아보았다.

그렇게 해서 내린 결론이 현미 채식이었다. 효과는 막강했다. 일주일이 채 되지 않아 혈압은 바로 정상으로 돌아왔다. 그리고 매일매일 적응이 안 되는 맛없는 현미와 야채, 과일만 가지고 식사를 하니 먹는 양 자체도 크게 줄었고 실제 먹어도 칼로리가 많지 않은 식단이어서 살도 많이 빠졌다. 두 달 가까이 해 본 결과 체중이 6-7kg 정도 줄었다. 지금은 완전히 적응이 되어서 밥 먹는 시간이 나쁘진 않다. 그렇다고 그 전과 같이 아주 맛있게, 많이 먹는 것은 아니다. 그냥 식사 때가 되면 적당히 배고프고 그것을 기반으로 맛있게 먹는 편이다. 자극적인 향과 맛이 없어 폭식은 있을 수 없다. 자연스럽게 배부르고 그만 먹게 된다. 체중은 그대로 유지되고 앞으로도 몇 킬로그램은 더 감량할 계획이다.

보통 현미 채식을 한다고 하면 사람들은 뭐 그럴 필요가 있냐, 왜 유난이냐, 적당히 고기도 먹어야지 하는 반응이 나온다. 그런 반응을 보면 옛날 일이 떠오른다. 아주 익숙한 반응이었기 때문에 기억을 하는 것이다. 두 번 그런 적이 있었다. 한 번은 제주에 올 때였고 두 번째는 무인카페 〈산책〉을 오픈할 때였다. 왜 제주에 가는 것이냐, 꼭 가야 되냐, 무인카페를 왜 하는 것이냐, 그것이 제대로 되겠느냐, 다 훔쳐 갈 거다 등등 표현은 각각 달랐지만 내포하고 있는 궁극적인 의미는 같았다. 왜 유난스럽게 남들이 하지 않는 것을 하냐는 것으로 통일되었다. 하지만 두 번의 경우 모두 다 내게는 특별한 경험과 성공을 의미하는 것이기에 난 본능적으로 이 현미 채식 또한 좋은 결실로 이어지리라는 것을 예상하게 되었다.

현미 채식과 무인카페 〈산책〉은 여러모로 비슷한 점이 있고 어울린다. 우선 이 시대와 맞지를 않는다. 사람들이 선호하지는 않는다. 자극적이고 화려한 것은 주변에 널려 있다. 얼마 전 밤에 이호테우 해변에 산책을 나가서 깜짝 놀랐다. 이 심각한 코로나 상황 속에 밤바다를 앞에 두고 빽빽이 이어진 돗자리와 사람들, 그리고 자리마다 빠지지 않았던 술과 화려한 배달메뉴들.

모든 관능은 비록 여러 가지 모습을 하고 있더라도 하나인 것이다. 모든 순결도 한 가지다. 한 사람의 관능적인 행동은 그가 음식을 먹든, 음료수를 마시든, 누구와 동침을 하든 또는 잠을 자든 똑같은 것이다. 그것들은 실은 한 가지의 욕망인 것이다. 그러니 어떤 사람이 얼마나 대단한 관능주의자인가를 알려면 우리는 그가 그것들 중의 한 가지를 하는 것을 보기만 하면 된다.

<월든> 헨리 데이빗 소로우. 은행나무. 330쪽. 1993쪽.

우연하게 내 삶에 현미 채식이 찾아왔다. 내 삶은 또 이렇게 구분되어 진다. 제주 이주 전과 후, 무인카페 <산책> 오픈 전과 후, 그리고 현미 채식 전과 후. 그 속에서 다 같이 섞여서 웃고 즐거워하며 먹을 때는 잘 몰랐는데 지금은 너무나 이상하고 어색하게 보인다. 제주 여름 바다를 둘러싸고 있는 현대의 관능들. 이 맛있는 것을! 이 좋은 것을! 하면서 먹고 마시는 모습들. 소로우는 월든에서 이어서 말한다. "자기 내부에서 동물적인 요소가 날마다 죽어가고 신적인 면이 확립되어 가는 것을 확신하는 사람은 매우 행복한 사람이다"라고. 정말 이 말은 사실일까?

오늘도 나는 내 안에 으르렁거리고 있는 저 야수의 입에 현미와 야채를 그리고 과일을 집어넣는다. 피가 뚝뚝 떨어지는 고기를 달라고, 더 자극적이고 더 맛있는 것을 넣어달라고 울부짖는 동물의 눈을 본다. 넌 평생 그렇게 먹어야 해. 잔소리하지 말고! 단호한 내 말에, 그리고 자신의 입에 맛없는 음식을 밀어 넣는 우직한 손에 야수는 순간 온순해졌다. 그래, 다음은 이 야성의 본능을 주님께 온전히 헌신하고 기도하는 일로 전환하는 일만 남아 있다.

마음껏 책 읽기

 참된 사고를 하기 위한 노력은 뒷전에 물러나 있고 일상생활을 하면서 마주치는 여러 가지 딜레마들을 효과적으로 처리하기는커녕 결국 제자리만 맴돌고 있다. 대부분의 사람들은 지도를 보고 어느 도로를 선택해서 갈 것인지 생각한 후에 장거리 자동차 여행을 한다. 그러나 일생을 통한 정신적이고 영적인 여행에선, 왜 목적지에 가고자 하는지, 진정으로 가려는 곳이 어딘지 또는 그 여행을 위한 최상의 계획을 어떻게 세우고 준비할 것인지에 대해서 굳이 생각하지 않는다. 이와같이 단순하게 접근하기 때문에, 우리 인생의 여러 가지 측면들을 간과하고 마침내는 그런 것들이 돌이킬 수 없는 위기가 된다.

<그리고 저 너머에> M. 스캇 펙. 율리시즈. 63쪽. 2011년.

 서울에 있었을 때는 책을 읽지 않았다. 사실 읽을 필요도 없는 것이라고 생각하기도 했다. 젊은 나이에, 베테랑 장사꾼을 상대로 새벽시장 야채장사를 하는데 필요한 것은 기죽지 않는 당돌함과

노련함, 그리고 좋은 물건을 가져오는 기술이 전부라고 생각했다. 굳이 친절하려고 노력하지도 않았다. 이 정도로 교만하고 자기만의 세계에 사로잡혀 살았다.

그런데 앞서 이야기했듯이 1차 경고등이 켜지고 무시하니 2차 경고등이 켜졌다. 그리고 다시 3차. 불친절하고 싹수가 노란 젊은 장사꾼에게서 충성도가 약한 단골들이 하나 둘 떠나갔다. 장사가 서서히 기울어 갈 때 즈음엔 이런 모든 부분을 상쇄할 새로운 이윤을 찾는다고 주식에도 손을 댔다. 경고등은 하루에도 수십 번씩 울려댔다. 솔직히 몰랐다. 이것이 경고일 줄은. 결국 주식에 큰 손해를 입고 나서야 정신이 들었다. 단단했던 나의 세계는 처참하게 무너졌다. 도대체 지금 나한테 무슨 일이 일어나고 있고 이것이 의미하는 것이 무엇인지 그때가 돼서야 생각하기 시작했다. 스캇 펙의 말처럼 단순함에서 벗어나기 시작했던 것이었다.

제주에 와서 시작한 무인카페 〈산책〉은 여러모로 서울에서 했던 야채장사와는 달랐다. 요즘 한창 매스컴에서 농산물의 왜곡된 유통 과정의 문제점에 대해서 나오고 있긴 하지만 농산물이 그렇게 왜곡된 시장을 가지는 이유들은 몇 가지가 있다. 그 중 대표적인 것이 신선도이다. 특히 여름과 같은 때에는 새벽시간 때의 가격과 오후 때의 가격이 달라진다. 채 반나절도 되지 않은 시간이지만 가격은 반으로 떨어질 수 있다. 그래서 농산물을 경매할 때는 리스크 대비 수익률을 계산한다. 리스크는 크지만 수익률이 그만큼 높다면 그것을 감안하고 물건을 살 수 있다. 하지만 무인카페의 경우 주인이 없기 때문에 발생할 수 있는 예측하지 못하는 리스크는 큰데 비해 수익률은 형편없었다. 이것은 그간 내가 해 왔던 것과는 전혀 다른 계산법이었다.

하지만 주어지는 것도 있었다. 그것은 바로 엄청난 시간. 마음대로 할 수 있는 무한한 시간이 나에게 주어졌다. 영화 「올 더 머니」(All the Money in the World)의 감독 리들리 스콧은 세계 최고의 갑부로 기록된 폴 게티의 실제 생애를 그린 이 영화에서 인상 깊은 장면 하나를 보여 주었다. 개인으로서는 최초로 1조 달러를 손에 쥔 사람이, 돈이 있기에 사람은 모든 것을 할 수 있다는 것을 말하면서 그것을 손에 쥔 순간 자신의 눈앞에 커다란 심연이 펼쳐져 있다는 것을 알게 되었다고 말했다. 물론 폴 게티가 말한 것과는 비교조차 할 수 없지만 무인카페 사장만이 누릴 수 있는 시간의 여유로움은 분명 있다. 비로소 나는 제주에 와서야 엄청나게 남아도는 시간 속에서 책을 읽기 시작했다.

나보다 훨씬 지혜 있는 사람들의 다양한 경험과 지식이 들어오면서 나의 시야는 조금씩 넓어지기 시작했다. 책에는 나와 똑같이 무인카페를 하는 사장의 이야기는 없었지만 적용할 것들이 무수히 많았다. 특히나 〈산책〉과 관련해서 인상 깊었던 적용은 헬렌 니어링과 스코트 니어링이 쓴 '조화로운 삶'이었다. 도시에서 살다가 한적한 버몬트의 시골로 들어간 이들은 자급자족을 하며 삶을 유지해 나갈 계획을 세우는데 척박한 농토와 추운 기후는 여러모로 이들의 계획들을 좌절시켰다. 그러다가 어느 날 우연히 자신이 산 토지에 심겨있던 사탕단풍나무를 발견하고, 그 나무가 설탕을 만드는 재료라는 것을 알게 된다. 충분치는 않았지만 그들의 계획에 일정부분 수익을 안겨 준 의미 있는 첫 번째 발걸음이었다.

그 때까지 단풍 시럽을 생산한다는 생각은 한 번도 해 본 적이 없었다. 우리는 농장 둘레 산속에 점점이 박혀 있는 제당소를 제대로 눈여겨본 적이 없었고, 우리 스스로 시럽과 설탕을 만들어 보겠다는 생각은 꿈에도 하지 않았는데 말이다... 우리의 이성과 열정, 그리고 주머니에 갖고 있는 돈에 알맞은 터전을 버몬트에서 발견함으로써 우리는 '어디서 조화로운 삶을 살 것인가?' 하는 첫 번째 물음에 해답을 찾을 수 있었다. 그리고 단풍 시럽을 만들어 생계를 해결할 길이 열린 것은 '조화로운 삶을 살기 위해 경제 문제는 어떻게 해결할 것인가?' 하는 두 번째 물음에 대한 멋진 해답이었다.
〈조화로운 삶〉 헬렌 니어링, 스코트 니어링. 보리. 29-30쪽. 2000년.

모든 것을 정리하고 이곳 제주에서 새로운 삶을 찾고자 내려온 나에게 무인카페 〈산책〉은 사탕단풍나무와도 같았다. 난 그들과 마찬가지로 한 번도 서울에서 무인카페라는 것에 대해 생각해 보지도 않았다. 그런데 이곳 제주에 와서 우연히 발견하고 시작하게 되었다. 물론 수입은 충분치 않았다. 헬렌과 스코트의 말처럼 첫발을 내딛었을 뿐이다. 하지만 그것은 의미 있는 발걸음이었다.

삶에서 유용하게 써먹을 의미 있는 사례는 계속 이어진다. 당시 버몬트에 있는 농부들 중에는 사탕단풍나무의 수익에 대해 신통치 않다고 생각한 사람이 있었는데 어느 해에는 이 모든 것을 계산해 보고 차라리 이 시간을 들여서 사탕단풍나무 일을 할 바에는 다른 아르바이트 일을 하는 것이 낫겠다하고 그 일을 하지 않는 사례도 있었다. 그런데 그는 다음 해에 일자리를 구하지 못해 결국 사탕단풍나무가 주는 수익도 가져가지 못했다.

> 우리는 돈에 대해 아주 다른 태도를 갖고 있었다. 우리도 시럽 가격을 꼼꼼히 계산했지만, 그것은 시럽을 생산할지 안 할지를 결정하기 위한 것이 아니었다. 해마다 사탕단풍나무로부터 수액이 흘러나오는 철이 되면 우리는 어김없이 나무에 칼자국을 내어 수액을 받았다.
> 〈조화로운 삶〉 헬렌 니어링, 스코트 니어링. 보리. 36쪽. 2000년.

이곳 제주에서 살아가는 횟수가 늘어날수록 주변에서 처음 제주에 와서 했던 일들을 바꾸어 좀 더 돈을 많이 버는 쪽으로 직업을 전환하는 사례를 많이 보게 되었다. 어떻게 보면 효율적이고 당연한 결정이기도 했다. 하지만 잘 고려해야 한다. 왜 이것으로 바꾸려고 하는지부터 이렇게 전환할 때 내 삶에 어떤 영향들이 미치는가까지 생각하고 따져야 할 것들이 많다.

　물론 나도 그런 유혹들이 있었다. 어느 때부터 조금씩 줄어들고 있는 〈산책〉카페 매출. 그러다가 문득 만약 가게를 접고 다른 사람에게 임대로 준다 할지라도 이 정도의 수입은 되지 않을까 하는 생각이 들었다. 또 나 자신이 남는 시간에 새로운 일을 한다면 돈을 더 벌 수도 있지 않을까 하는 예상도 나왔다. 그렇다면 내가 굳이 〈산책〉카페를 운영하면서 신경 쓸 이유는 무엇인가라는 의구심 또한 연이어 들었다.

　이런 모든 생각 끝에 임대를 내놓고 실제 계약까지 이루어지려는 순간, 나는 뭔지 모를 아쉬움과 답답함에 이 모든 것을 원상태로 돌려놓았다. 구두로만 이야기하고 정식 계약서 자체도 쓰진 않았지만 다음날 바로 정중히 가게를 임대하려는 분께 전화를 해서

"죄송한데 너무 아쉬워서 도저히 그만둘 수 없네요. 제가 다시 운영해야 할 것 같아요"라고 양해를 구하고 지금까지 〈산책〉카페를 운영하고 있다. 벌써 몇 년 전 이야기이지만 그때 이 결정이 지금의 나의 삶에 어떤 영향들을 미치고 있는 것일까?

> 나는 매일 세 번 45분씩 총 2시간 30분 동안 일상적으로 하는 일이 있다. 이 시간의 십분의 일 정도를 하느님께 말씀을 드리는 일(대부분 사람들이 기도라고 생각하는)에 쓰고 또 다른 십분의 일은 하느님의 말씀을 듣는 일(묵상이라고 정의되는)에 쓴다. 나머지 시간 동안 나는 어떤 결정을 내리기 전에, 생각하고, 우선적으로 해야 할 일들을 분류하고, 여러 가지 가능한 선택들을 숙고한다. 내가 이 시간을 기도 시간이라고 부르는 이유는 그저 생각하는 시간이라고 말한다면 사람들이 이 시간을 신성하게 여기지 않아 편한 마음으로 나를 방해할 것이기 때문이다.
>
> 〈그리고 저 너머에〉 M. 스캇 펙. 율리시즈. 64쪽. 2011년.

무인카페 〈산책〉에는 한쪽에 '〈산책〉이야기'라는 작은 책자가 하나 있다. 10장 정도의 분량으로 이루어진 〈산책〉의 역사책 같은 것이다. 제주이주를 결심하고 이곳으로 이주하고 〈산책〉카페를 오픈하기까지의 과정이 적혀 있다. 그리고 오픈 1주년, 5주년, 10주년과 같이 나름 의미 있어 보이는 시간에 내 상황과 느낌을 소소하게 적어둔 책자이기도 하다. 그것을 펼쳐보면 묘한 문장 하나가 반복적으로 보인다.

지금 내 앞에는
한 잔의 커피와 어제 읽다만 책이 놓여 있습니다.

 물론 많은 종류의 책을 읽었다는 것은 아니다. 주로 지금까지는 신앙 서적들을 많이 읽었고 요즘은 여러 분야를 가리지 않고 읽고 있다. 나름 감명 깊게 읽은 책은 계속 반복해서 읽기도 한다. 어떤 책은 스무 번도 더 읽은 책도 있다. 스캇 펙의 말처럼 나에게 책은 기도이기도 하다. 책은 읽든 안 읽든 늘 내 앞에 있다. 언제든 펼쳐서 보기만 하면 된다. 하루에 한 장을 읽든 열 장을 읽든 생각이 날 때, 어떤 날은 기사를 보다가 문득 떠오르면 책을 펼치기도 한다. 그리고 생각을 하다가 기도로 이어질 때도 있다.

 요즘은 그런 생각을 할 때가 있다. 시간이 지나면서 점점 바빠지는 사람들. 바쁜 삶이 최고의 미덕으로 여겨지는 세상 속에서 한가한 삶은 늘 무능력으로 취급받는다. 주변 상황은 급변하고 이 모든 것들에 대해 정확한 판단과 예리한 사고가 필요한데 우린 늘 자신의 생각에 갇혀 지내며 그로 인해 스캇 펙의 말처럼 삶에 결정적 실수를 저지른다. 어디를 향해 가고 있는지, 그 길은 왜 가는지도 모른 채 그저 정신없이 뛰어가고만 있다. 하지만 넘치는 무인 카페 사장의 시간은 느리게만 흘러간다. 아주 느리게, 느리게 흘러가고 있다.

어쩌다 올레

 난 걸을 때 자유를 느낀다. 특히 아무도 없는, 평일 오전의 숲길을 걷는 것을 좋아한다. 남들이 열심히 일하고 있는 시간에 난 숲을 걷는다. 현실에서 다소 벗어 난 듯 보이는 이런 이질감은 나에게 자유가 되어 되돌아온다. 난 그렇게 걸을 때 자유를 느낀다. 숲 안으로 들어가면 겨울에는 따뜻하고 여름에는 선선함을 느낀다. 아무도 없는 숲길에서 내가 신경 쓸 것은 없다. 오전에 세수를 안 하고 나와도 상관이 없다. 세련된 운동복도 필요 없다. 지금 나와 마주치고 있는 것은 그전이나 지금이나 이 자리에 꿋꿋하게 서 있는 나무들과 어린 잡목, 그리고 이름 모를 풀들과 바위의 이끼, 내 심장 가득히 채워지고 있는 신선한 공기뿐이다.

제주에 와서 걷기에 맛 들였다. 시간만 나면 걸었다. 집에서 늘 가던 바람의 언덕(그곳에 가면 늘 바람이 불었다. 우리 부부는 그곳을 바람의 언덕이라 불렀다)까지는 50분. 그리고 곽지해수욕장까지 가서 되돌아오면 대략 1시간 10분 정도 걸렸다.

사려니 숲길, 삼다수 숲길, 장생이 숲길 같은 유명한 숲길은 그날 하루 일정이 전혀 없는 날을 골라서 음미하듯 천천히 걸었다. 일단 숲에 들어가면 모습은 비슷하지만 그래도 제각기 다른 숲의 맛이 있었다. 그러던 어느 날 월요일 오전, 뭔가 새로운 길을 걷고 싶다는 충동이 일어났다. 그래서 집에서 60km 가까이 떨어진 동쪽 하도리까지 왔다. 종달해변으로 이어지는 21코스를 걷기 위해서였다. 그것이 올레의 시작이었다.

"뭐 주워 먹을 게 있다고 그 놈의 섬에 들어가냐!"

올레를 걷는 중간에 2009년, 제주 이주를 극심하게 반대했던 어머님의 말씀이 떠올랐다. 그 당시 어머니는 제주 이주를 앞두고 있는 막내아들을 앞에 붙잡아 놓고 손을 잡고 간절히 이야기하셨다. 가지 말라고. 지금이라도 이곳 서울에 있으라고. 그런데 지금 이 막내아들은 오전에 카페를 오픈해 놓고 팔자 좋게 올레길을 걷고 있다. 10년 넘게 이곳 제주에서 잘 주워 먹고 있다.

 하루 종일 천천히, 긴 시간 올레길을 걷다 보면 이렇게 옛날 일들이 떠오른다. 정처 없이 걸으면서 이런저런 생각을 한다. 극심한 반대와 함께 내 안에 쌓여만 가는 두려움과 불안함들. 하지만 온전히 하나님 한 분만을 의지하며 이곳 제주라는 섬으로 이주했다. 그리고 막상 제주에 와서는 도대체 무엇을 먹고 살아야 하나 한탄이 기도로 변해 나오기도 했다. 결국 주님은 늘 내 앞에 길을 내시고 나는 그 끝에 이렇게 서 있다. 아름다운 자연을 보며 걷고 있다.

> 혼자 있으면서 마음속으로 주님을 찬미하는 것은 어떤 게으른 소일거리가 아니다. 당신 마음속에서 주님을 크게 확대시키는 것, 당신의 애정을 더욱 크게 확대시키는 것은 단지 게으름을 피우는 일이 아니다. 기억을 점점 더 새롭게 키우고, 기대감을 더욱 크게 키우는 것은 게으름을 피우는 게 아니다. 그것은 새로운 피조물의 가장 웅장한 훈련과정 가운데 하나이다.
> <기쁨, 기쁨이 가득한 오늘> 찰스 스펄전. 브니엘. 227쪽. 2017년.

 많은 시간이 지났는데도 더욱 기억이 새롭고 또렷해진다. 길을 걷고 있는 시간 속에 그간 제주에서 힘들었던 모든 순간들이 새록새록 떠오른다. 오직 하나님만을 부여잡고 처절하게 기도했던 시간들도 선명하다.

어려움 속에 고민하며 해결책을 보여달라고 매달렸던 시간들이 하나하나 다 떠오르고 잊혀지지 않는다. 물론 기도했던 모든 일들이, 내가 예측하고 원하는 대로 다 이루어지지는 않았다. 하지만 먼 시간을 뒤돌아보니 이렇게 질서정연하고 조화롭게 해결되어 있을 줄이야! 감탄의 연속이다. 하나님이 나에게 주신 무한한 자유 안에서 난 이곳 제주를 마음껏 누리며 걷고 있다.

하지만 이렇게 올레가 주는 여러 유익함에도 불구하고 이곳 제주에 있는 토박이분들은 올레에 대해 별로 신경 쓰지 않는 듯 보인다. 하긴 늘 어렸을 때부터 자신과 함께 있었던 투박한 시골길이 신선하게 다가올 이유는 없다. 그래서 올레는 육지에 있는 관광객들 사이에 유명한 길이 되어 버렸다. 제주로 이주한 도민들도 마찬가지이다. 막상 제주로 이사를 오게 되면 아름답고 신비롭던 올레길도 감흥이 떨어진다. 이유는 간단하다. 올레를 걷기 위해서는 하루를 온전히 내어 주어야 한다. 잠깐 기분 전환을 위해 카페에 가고 배가 고파 식당을 갈 순 있지만 그것은 모두 그다음 어떤 것을 위한 수단이 될 때가 많다. 하지만 올레는 하루 중 가장 중요한 목적이 되어야 하고 그다음 것은 없다. 치루어야 할 대가가 꽤 비싸다. 그러면서 지루하고 단조로운 길을 하루 종일 걸어야 한다. 이것은 늘 흥분과 재미를 추구하는 우리의 삶과는 거리가 멀어 보인다.

올레는 알다시피 하루에 한 코스가 기본이다. 에너지가 넘치는 분은 하루에 2개 코스도 돈다고 하는데 난 그런 시도는 한 번도 해 보진 않았다. 대신 반 코스만 걸을 때는 있었다. 아내와 함께 걸을 때 주로 반 코스씩 걷는다. 체력적으로 힘들어하는 아내에 대한 배려였다. 20코스는 그렇게 반 코스씩 두 번에 나누어 걸쳐 걸었다. 올레는 각각의 코스마다 특색이 있고 맛이 있다. 하지만 여기서 모든 올레를 다 소개할 순 없다. 대신 몇 개의 코스가 아직도 내 마음에 인상적으로 남아 있다. 그것은 단순히 아름다운 길에 대한 느낌과 감정은 아니었다. 문득 19코스가 떠오른다.

"지난번에 우연히 이 길을 발견하고 걷다가 초반에 개가 있어서
　무서워서 그냥 돌아갔던 거 기억해?"

20코스를 마치고 다음 코스인 19코스를 걷기 위해(나는 올레를 역방향으로 돌았다) 사전에 올레 지도를 보고 점검을 하고 있는 나에게 아내는 걱정스러운 듯이 말했다. 아내의 말 한마디에 옛날 기억이 스물스물 올라왔다. 풀려 있으면서, 그러면서 무섭게 노려

봤던 게. 그리고 21코스를 시작으로 역방향으로 돌아 1코스를 마지막으로 돌면서 끝내기로 한 전체일정 중 21코스는 12km, 그리고 20코스는 아내와 두 번 나누어 걷고 이 19코스는 자신의 이름답게 19km가 조금 넘는 여정이었다. 부끄럽긴 해도 혼자서 이렇게 멀리까지 걸어 본 적은 없다.

한 집의 막내아들로 태어나 늘 부모님과 형제들의 보호 아래 자라왔다. 서울에서의 야채장사도 수십 년 이어온 부모님의 든든한 배경 아래 바톤만 이어받았다. 올레는 중간중간 변수도 있고 어떤 곳은 너무 한적해서 남자인 나도 무서울 때가 있다. 올레 리본도 잘 봐야 하는데 헷갈리는 지점에서 같이 갔던 아내는 척척 잘 발견했다. 그러나 이번 19코스를 시작으로 앞으로의 올레 전체일정은 나 혼자 걸어야 한다.

19코스가 인상적이었던 것은 그것이 전체 올레의 기준선이 되었다는 것이다. 무슨 말인가 하면 이 코스보다 긴 코스는 그렇게 많지 않다. 몇 개에 불과하다. 19km가 넘는 코스는 6개에 불과한데 5개 코스는 다 같은 19km대였고 유일하게 3코스가 20.9km였다. 불과 1km 안팎이다. 내가 만약 이번 19코스를 혼자 잘 걸어서 통과한다면 나머지 전체 올레도 별 무리 없이 잘 걸을 수 있다는 것을 예상할 수 있다. 또 올레 초반에 무섭게 노려보는 개를 두려워하지 않고 지혜롭게 잘 피해 갈 수 있다면 이 또한 다른 코스에서 발생할 수 있는 예측할 수 없는 위험들도 잘 헤쳐나갈 수 있을 거라는 자신감도 얻을 수 있다. 이래서 19코스는 나의 기준선이 되었고 난 그것을 반드시 통과해야 했다.

  올레뿐 아니라 이곳에서의 삶도 비슷하다. 내 앞에는 한 번도 걸어보지 못했던 19km가 펼쳐져 있고 무섭게 노려보는 사나운 개가 떡하니 버티고 있다. 마치 내가 21코스를 역방향으로 시작해서 조금 있다가 바로 19코스에서 기준선을 만났듯이 삶의 어려운 기준선은 늘 초반에 운명적으로 대면하게 된다. 아는 사람 아무도 없는 낯선 제주에서 정착하려고 애쓰는 이주초기에, 어느 날 느닷없이 기준선을 대면한다. 피할 수 있다면 피하고 싶다. 하지만 19코스를 피한다고 해결될 일은 아니다. 바로 18코스에서 19.8km가 기다리고 있고 14코스 역시 19.1km다. 8코스, 4코스에서도 마찬가지다. 결국 20km가 넘는 3코스에서 무너진다. 그러니 용기를 내어야 하고 기준선은 반드시 넘어야 한다. 초반의 어려움은 주저하지 말고 강하게 넘어서야 한다.

  집중하되 너무 긴장하지 말고 내게 주어진 기준선을 넘는다. 홀로, 그렇게 멀리 가 보지 않은 것뿐이지 못 갈 것도 없다. 사나운 개 역시 무섭게 노려볼 뿐이지 못 지나가는 것도 아니다. 시간이 지나 결과적으로 하는 이야기지만 다른 코스에 비해 19코스는 훨씬 더 잘 걸었다. 집중하면서 걸으니 오히려 올레 리본을 못 봐서 그냥 지나친 경우는 한 번도 없었다. 그리고 오른손에 막대기 하나 꽉 쥐고 개가 지키고 있었던 길에 들어서는 순간, "어! 개가 없네. 지난번에는 있었는데 지금은 없네." 하며 허탈하게 웃으며 지나갔다. 누구 말대로 시험을 철저히 준비하니 막상 시험 당일은 편하게 시험을 치른다. 이렇게 기준선을 통과하니 나머지 코스들 역시 별 부담감이 되지 않았고 다른 올레 코스들은 19코스와 비교해서 오늘은 비슷하겠네, 아니면 별로 힘들지 않겠네 라는 예상 속에 편하게 걸을 수 있었다.

그리고 마지막으로 내 마음에 인상적으로 남아 있는 것은 17코스부터 시작되어 14코스까지 이어진 복잡한 마음 상태였다. 21코스를 시작으로 역방향으로 시작된 올레 걷기가 17코스로 이어질 무렵 그런 생각이 들었다. 왜 걸어야 할까, 꼭 전체 올레를 다 걸어야 하는 걸까, 그냥 이쯤에서 적당히 마무리하고 다음을 기약할까 하는 마음이 들기 시작했다. 그러면서 14-1코스를 걷고 14코스를 걸으면서 그 생각이 절정에 달했다. 아마 전체 올레 중 최대 고비는 14코스를 걸었을 때였다.

순간 퍼뜩하면서 〈산책〉카페 일이 떠올랐다. 언제까지 무인카페를 할 수 있을까 하고 생각하던 시절이 있었다. 이런 마음은 오픈한 지 6~7년때 되던 해에 절정에 이르렀다. 실제 그때에 가게를 접을 계획하에 지역신문인 오일장과 교차로에 임대로 내놓기도 했으니까. 나한텐 그때가 14코스였다. 하지만 이상한 일이 벌어졌다. 최대 고비였던 14코스를 끝내고 그다음 13코스부터는 정말 날아다녔다. 전혀 힘든 것이 없었다. 그러면서 10코스 아래부터는 하나하나 코스를 통과할 때마다 아쉬움이 들 정도였다. 그래서 그땐 맛있는 음식을 아껴먹듯이 음미하듯이 걸었다. 〈산책〉도 비슷한 과정을 겪었다. 고비를 지혜롭게 넘긴 다음부터는 모든 것이 자연스러웠다. 그 후로 다시 6년이 지나 오픈한 지 만으로 12년째다. 걷고는 있지만 힘들지 않듯, 지금은 천천히 음미하듯이 〈산책〉카페를 오픈하고 있다.

오전 6시 50분. 올레 떠나기 전 김밥 한 줄도 〈산책〉카페에서 아침을 먹고 있다. 오늘은 7코스다. 어제 카페 마감 때에 오늘 오픈 준비는 다 끝내 놓았으니 이렇게 식사를 마치고 간단히 성경 말씀 보고 기도하고 출발하면 된다. 오늘 하루도 나그네 같은 내 인생길에 주님께서 함께

해 주시길...
2020.12.9 인스타그램

  올레길을 걸으면서 기록해 두었던 지난날의 나의 기록이다. 글을 쓰면서 올레길을 걸었을 때의 기억 하나하나가 새록새록 떠올랐다. 내 올레길에 늘 주님께서 함께 하셨듯 〈산책〉카페와도 함께 하셨고 지난 12년간의 제주살이에도 주님께서는 늘 내 곁에 계셨다. 감사한 일이다.

아버님

영상통화를 하는 중간에 아버님은 끝내 울음을 참지 못하셨다. 나는 그때 아버님의 울음소리가 잦아들기까지 아무런 말을 할 수 없었다. 아버님은 누나와 함께 병원에 다녀왔다고 했다. 늘 소화가 안 되고 입맛이 없고 요즘 들어 더욱 숨이 가쁘다고 하시는 아버님을 보는 나의 마음은 무너졌다. 이미 병원에서는 아버님에게 중대 선고를 했다. 췌장 쪽에 있는 암은 더욱 커졌고 몸 곳곳에 암이 많이 퍼져있는데 아버님 연세에 항암치료는 할 수 없고 이젠 보호자들도 천천히 마음의 준비를 하라고 했다.

코로나로 인해 매번 오시는 제주 여행을 2년째 못 오셨다. 그래서 지난 5월에는 백신 1차 접종을 받고 조금 있다가 2차를 맞고 오려고 했다. 그런데 비 오는 어느 날, 아버님은 집 건물 담장을 손보신다고 올라가셨다가 떨어지시는 바람에 한 달 가까이 병원 치료를 받으면서 차질이 생겼다.

그러면서 7월 정기 검사에서 날벼락 같은 통보를 받은 것이었다. 물론 아버님의 암은 새로운 것은 아니었다. 20년 전 수술 받았던 신장암이 어느 날 재발을 했고 병원에서는 아버님의 연세를 고려해서 적극적인 항암치료는 못하고 대신 항암 약으로 조절하고 있었다. 그나마 드시고 계셨던 항암 약도 몸 상태가 안 좋아지셔서 중단했다.

요즘은 카페를 오픈할 때마다 지난 아버님의 모습이 떠오른다. 성격은 급하고 다혈질이며 화도 잘 내신다. 물론 웃기도 잘 웃으신다. 예전에 이 〈산책〉건물을 살 때 서울에 계신 아버님은 이 건물을 실제로 보고 싶어서 어쩔 줄 몰라 하셨다. 결국 누구 말대로 등기부등본 잉크가 채 마르기 전에 '내가 직접 봐야 하는데 봐야 하는데' 하면서 제주로 바로 오셨고 공항에 내리자마자 짐도 풀지 않고 곧장 〈산책〉으로 향했다.

"됐다. 장사 목은 좋다. 잘 샀다!"

평생을 시장에서 장사하면서 보내신 분의 안목이었다. 정말 딱~이면 척~ 이셨다. 실제 이곳은 아버님의 말씀대로 가장 목이 좋은 곳으로 밝혀졌다. 지금이야 '뭐 이런 것쯤은 나도 알겠네.' 하겠지만 10년 전 이곳 제주는, 특히나 이곳 고내리는 황량함 그 자체였다. 또 주변에서 조금은 비싸게 샀네 마네 할 때도 아버님은 뭐든지 비싼 듯 주고 사야 내 것이 되는 법이니 신경 쓰지 말라고 나를 안심시켜 주셨다.

아버님은 이렇게 지난 10년간 중간중간 나에게 몇 가지 예언(?)과도 같은 조언을 해주셨다. 생각나는 몇 가지는 아버님은 일 년에 두 번(봄, 가을 한 차례씩)은 꼭 제주에 있는 막내아들의 집에 놀러 오셨고 그것을 노년의 자기 인생에 최대의 낙으로 삼으셨다.

그중 최대의 일정은 아침 〈산책〉카페 오픈 때에 막내아들을 따라 자신도 꼭 카페에 나가시는 것이었다. 그러면서 카페 한쪽에 앉으셔서 내가 카페를 오픈하는 과정을 쭉 지켜보셨다. 그러던 어느 날 나보고 잠시 테이블에 앉으라고 말하면서 "이놈의 무인카페를 하는 이상 너 인생에 큰돈 버는 것은 틀렸다. 하지만 그래도 처자식 하나는 굶기진 않겠다."라며 무시무시한 전망을 하셨는데 이런 예측은 지금까지도 기가 막히게 맞아떨어졌다. 그리고 앞으로도 유효할 것 같다. 또 "이 건물은 언제 팔아야 할까요?"라고 묻는 내 말에 "팔긴 뭘 팔아? 이게 네 밥줄인데!" 하면서 단호하게 말씀하시기도 했다. 그러면서 〈산책〉건물은 팔 것이 아니라 앞으로 네가 꼭 잡고 가야할 것이라고 말하셨다.

아버님에 대한 많은 기억 중에 그래도 가장 선명한 기억이 있다. 때론 그건 어떤 그림과 같은 이미지로 다가올 때가 있다. 돋보기안경을 찾아 쓰시고 거실 벽면에 걸려 있는 커다란 달력에 금액을 써 놓고 있는 아버지.

사건은 이랬다. 무인카페 〈산책〉 오픈 초기에 아버님은 제주에 있는 막내아들을 늘 걱정하셨다. 그건 당연한 일이었다. 서울을 떠나 낯선 곳에서, 그것도 본인 생각에 말도 되지 않는 무인카페 하나만 달랑 오픈해 놓고 대책 없이 있는 막내아들을 걱정하는 것은 어떻게 보면 모든 부모의 당연한 마음이었다.

그러던 어느 날이었을까, 유난히 카페에 손님이 많이 온 날이 있었다. 그날따라 나도 기분이 좋고 이렇게 많이 판 날도 있으니 너무 걱정하지 말라는 의미로 '오늘은 얼마를 팔았습니다'라고 문자 하나를 보낸 것이 계기가 되었다.

그날부터 매일 밤 카페 마감 때가 되면 내 문자를 기다리셨고 그것을 하루도 빠짐없이 달력에 금액을 기록하셨다. 그렇게 한 달이 끝나면 이번 달은 총 얼마를 팔았고 지난달과 비교해 얼마가 늘었다고 말해 주셨다. 심지어 일 년의 마지막 달에는 올해 매출과 작년 매출을 비교해서 설명해 주시기도 했다. 또 어떤 날은 어쩌다가 내가 깜빡 까먹고 문자를 보내지 않으면 기다리고 기다리다가 혹시 마감할 때에 무슨 일이 생기지 않았나 하고 걱정하시며 전화를 하셨다.

난 아버님의 이런 요구에 3년 내내 문자를 보냈고 그 뒤로 새롭게 숙소를 오픈하면서 이젠 더이상 걱정하시지 말라고 하면서 문자를 중단했다. 솔직히 그 뒤로는 계속 〈산책〉카페 매출이 하락함에 따라 아버님의 기분이 너무 다운되어 중단한 것이 결정적 이유라면 이유였다.

영상통화로만 안부를 물어보았던 아버님이 지난 며칠 전에 직접 제주에 오셨다. 아마 점점 죽음을 향해 가고 있는 자신의 몸 상태를 느끼면서 직감적으로 살아생전 마지막으로 제주에 있는 막내아들의 집을 가고자 했던 것 같다. 델타 변이가 하늘 끝까지 닿아

서울은 이미 4단계였고 제주 역시 3단계라서 부모님과 같은 건물에 살고 있는 누나도 함께하지 못했다. 5인 이상은 금지가 되었으니 제주에 와도 함께 할 수 없었기 때문이었다. 다행히 항공사에서 제공하는 서비스로 김포공항에서 제주공항까지, 내 손에 안전하게 닿을 때까지 공항 관계자가 함께 했다. 많이 야위시고 감정적으로 약해지신 아버님은 공항에서 나를 보자마자 우셨고 같이 오신 어머님은 허리가 너무 굽어 있었다. 기적적으로 제주에서 상봉한 우린 다같이 〈산책〉카페로 달려갔다. 특히 아버님이 좋아하셨고 잠깐잠깐 깊은 생각에 빠지시기도 했다. 난 아직도 아버님이 나에게 한 말이 기억이 난다. 정착 초기 무인카페를 하며 의기소침하고 낙담하고 있을 때 수화기를 통해 들려왔던 그 음성. "아무 걱정하지 말아라. 너 뒤에는 내가 있으니까."

하나님에 대한 내 나름의 이미지는 기본적으로 아버님을 통한 이미지가 많다. 그분 역시 우리의 이해를 돕기 위해 자신을 '아버지'라고 말씀하셨다. 하늘에 계신 우리 아버지... 물론 주님은 이 세상 아버지처럼 늙으시지도 않으시고 약해지지도 않는다. 지혜의 원천이신 그분은 지혜가 줄어들지도 않는다. 하지만 나에게 있어 주님은 나의 아버님께서 말씀한 것처럼 '너 뒤에는 내가 있으니 조금도 걱정하지 말아라'라는 그것과 일치한다.

주님은 우리 아버님과 같은 말씀을 하신다. 아버님이 매일 달력에 〈산책〉카페 하루 매출을 까먹지 않고 기록해 놓듯이 주님은 지금도 내 삶 일거수일투족을 지켜보고 계신다. 달력에 기록해 놓으시고 혹시나 무슨 일이 있으실까 눈을 부릅뜨고 지켜보고 계신다. 나는 지금 하늘에 계신 하나님 아버지께 우리 아버님의 영혼을 부탁하는 기도를 드리고 있다.

〈산책〉은 앞으로 영원히 아버지의 보호를 받을 것이다. 의사 말대로 우리 아버님의 상황은 절망적이지만 대신 하늘의 아버지께서 그 바톤을 이어받으신다.

기철아. 너 뒤에는 내가 있다.
아무 걱정하지 말아라.

아버지의 마음이 느껴져서 눈물이 나온다.

노년을 보다

 초등학교 2학년 때 아무 것도 모르는 딸아이를 제주에 데리고 왔는데 그 아이가 지금 벌써 대학생이 되어 육지에서 학교를 다니고 있다. 원래부터 우린 단출한 세 식구였다.

 그런데 그나마 한 명이 나가버리니 집 안에는 아내와 나 이렇게 둘만 남았다. 텅 빈 집에, 책 읽는 것을 좋아하는 아내와 함께 있다 보면 내가 말하지 않는 이상 집안은 수도원 그 자체다. 침묵의 영성이라는 단어가 바로 나온다. 오늘 같은 날은 그마저도 홀로다. 난 올해 〈산책〉카페 2층에 새롭게 오픈한 문화〈산책〉에 올라와 있고 아내는 집에 홀로 있다. 둘이 서로 다른 공간에서 책을 읽고 자신의 일을 한다.

2층 문화〈산책〉에서 바라보이는 고내포구 팔각정의 넓은 자리는 모두 동네 어르신들의 차지다. 요즘은 날씨가 더워서 그런지 오전 이른 시간부터 일찍 나와 자리를 잡고 계신다. 한 분, 두 분 이렇게 모이고 정해진 멤버가 있는 듯 일정 인원이 채워지면 더이상 복잡하지 않고 그대로다. 하지만 가만히 살펴보면 같이 모여는 있는데 서로 말은 나누지 않는다. 하루종일, 아침부터 저녁 식사 때까지 같이 있지만 모두 조용히 다른 곳만 쳐다보고 있다. 〈산책〉카페는 이렇게 그분들을 관찰하기에 최적의 장소다.

　어느 날부터 노년에 대해 관심이 생겼다. 이러한 관심에 무인카페는 일정부분 기여한 바가 컸다. 우선 카페가 동네 팔각정 바로 앞에 있다 보니 위치적으로 노인분들을 늘 지켜보게 되었다. 팔각정은 동네 어르신들의 집결지였다. 늘 보이는 분이 한동안 이곳에 나타나지 않으면 아프시든지 돌아가셨든지 둘 중의 하나였다.

　요즘은 코로나로 미세먼지가 거의 없지만 예전 미세먼지가 한창일 때도 그분들은 아침 오전부터 마스크 없이 하루종일 그 자리에서 서로 아무 말도 하지 않은 채 가만히 앉아 계셨다. 아무 할 일도 없이 무기력하게 가만히 있는 그분들의 모습은 나한테는 이해할 수 없는 충격이었다. 시간이 있다면 간단한 취미생활을 하든지 아니면 책이나 신문 같은 것을 보아도 될 텐데 그분들은 아무것도 하지 않은 채 그저 가만히 앉아서 긴 긴 하루가 빨리 지나가는 것을 간절히 바라는 사람처럼 그 자리에 그대로 있었다. 도대체 이런 일들이 왜 일어나는 것일까라는 궁금증은 자연스레 노년에 대한 관심으로 이어졌다.

실제 나의 생활 가운데서도 노년은 현실감 있게 다가왔다. 우선 어디를 가든지, 가령 카페를 오픈하고 평일 오전에 숲길을 걸을 때 마주치는 분들은 대개 현업에서 은퇴를 하신 분들이 운동 삼아 나온 경우였다. 한적한 숲길에서 나이가 지긋하신 노부부가 산책을 하고 나와 아내도 그분들이 걸어 온 길을 이어서 걸어갔다. 이상하게 묘한 매치가 이루어졌다. 마치 그분들이 살아온 삶을 내가 이어서 사는 것 같은 느낌이었다. 또한 내게 주기적으로 연락해서 카페에서 커피와 함께 담소를 나누는 분들도 은퇴하신 분들이 많았다. 나는 자연스럽게 생활 가운데서 은퇴와 노년이라는 단어를 밀접하게 느끼면서 지내게 되었다.

은퇴하지 않았는데 은퇴한 듯이 살아가는 나는, 주변에 아직도 늘 바쁜 친구들을 두고 있다. 그들은 항상 바쁘고 정신이 없다. 정말 본인들 말대로 마지막으로 자신의 전부를 불태우고 있다. 산책하고 독서하고 한가롭게 은퇴한 사람들과 만나 카페에서 커피를 마시는 나를 그들은 이해할 수 없고 이해하고 싶어 하지도 않았다. 팔자 좋은 사람 취급을 받는다. 하지만 사실 나는 내 나름대로 노년을 준비하고 있다.

> 사회라는 거대한 기계에 당신의 삶이 수십 년 동안 길들여진 후에는 삶의 진정한 본질에 돌아가고 싶지도 않고, 돌아갈 수도 없을지 모릅니다.
>
> <노년의 의미> 폴 투르니에. 포이에마. 22쪽. 2015년.

어느 날 자신의 옛 환자였던 사람이 자동차를 타지 않고 먼 거리를 직접 걸어 폴 투르니에를 찾아왔다. 한적한 제네바의 시골길을 걸으면서 그는 무언가 알 수 없는 평온함을 느끼고 자신도 은퇴하면 이런 곳에 살면서 삶의 본질을 회복할 수 있지 않을까 하는 생각을 하게 되었다.

그런데 지금 그는 할 일이 태산같이 많고 잠시도 멈추어 생각할 시간이 없다고 푸념하듯 말했다. 그런 그를 보면서 폴 투르니에는 '전환은 쉽지 않다'고 단언했다. 그러면서 바젤 대학교의 아돌프

포르트만 교수가 말한 '평소에 삶의 의미를 찾는 법을 배우지 못한 사람은 노년에 이르러서도 삶의 의미를 찾지 못할 수 있다'라는 말을 인용하고 싶었다고 했다.

개인적인 생각이긴 하지만 우린 너무 끝까지 자신의 것을 악착같이 붙잡고 있다가(친구들의 표현대로라면 마지막을 불태우며) 갑자기 삶의 전선에서 사라지는 것 같다는 느낌을 지울 수 없다. 물론 언젠가 우리들의 모든 자리는 더 젊고 뛰어난 사람들로 바뀌고 채워지겠지만 그 과정이 너무 처절하다. 어떻게든 끝까지 자신의 영향력을 지키려는 사람과 그것을 뺏고자 하는 사람들 간의 혈투. 그건 너무 안쓰러운 일이다.

2010년에 오픈한 무인카페 〈산책〉은 처음엔 꽤 참신하기도 했다. 아무것도 없는 한적한 시골동네에 나름 사랑방 같은 역할도 하면서 도민들은 부담 없이 이곳을 찾았고 관광객들은 주인이 없이 운영되는 무인카페라는 특성 자체가 신기해서 방문했다.

그러다가 이것도 유행이라고 몇몇 무인카페가 더 생기면서 한때 전성기 같지 않은 전성기도 누리다가 주변에 세련되고 압도적인 카페들이 줄줄이 생기면서 갑자기 기울어가기 시작했다. 주변에 〈

산책〉을 본떠 만든 나머지 무인카페는 그렇게 모두 문을 닫았다. 몇 년이 안 되는 시간 동안 마지막을 화려하게 불태우면서 서둘러 오픈하고 급하게 폐업 신고를 한 것이다.

하지만 난 서서히 기울어가는 이름 없는 작은 무인카페를 운영하는 것은 노년을 맞는 것과 비슷하다고 생각한다. 그렇다고 체념하듯 무기력하게 하루하루 시간만 가는 것을 지켜보는 노인이 아니라 연륜에 맞는 지혜를 가진 노인으로 말이다.

> 노인은 직업과 사회의 경쟁 대열에서 벗어났기 때문에 더 폭넓은 관점에서 마음을 열 수 있다. 이처럼 특정한 관점에서 보편적 관점으로의 전환은 적극적인 직업 활동에서 벗어나 노년에 들어설 때 얻는 커다란 이점인 듯하다.
> 〈노년의 의미〉 폴 투르니에. 포이에마. 369쪽. 2015년.

〈산책〉카페는 이미 주변의 크고 좋은 카페들과 경쟁 자체가 되지 않는다. 하지만 내가 체념하듯 내 모든 영역을 그들에게 다 내준 것은 아니다. 난 여전히 내 자리를 지키고 있다. 한참 전성기를 누리는 그들은 폴 투르니에의 설명대로 직업적으로 활발히 활동하면서 압박감을 가지고 일하고 있다.

그러나 나는 치열한 경쟁 대열에서 살며시 벗어나 포기할 부분은 과감히 그들에게 주고 대신 그들이 관심 없어 할 또 다른 부분에 관심을 갖는다. 그건 다소 별 소용없는 여러 가지 활동일 수 있지만, 예를 들어 나와 경쟁 관계에 있는 또 다른 카페 사장을 격려할 수 있고 새롭게 오픈하는 사람들을 진심으로 축하해 줄 수 있다. 나를 조금이나마 필요로 한다면 그 누구든지 아낌없이 시간을 내어 줄 수도 있다.

이런 보편적 관점으로의 전환이 노년의 시기에는 절대적으로 필요하다. 이것이 지혜고 그 사람의 삶에도 생기를 불어 넣어준다. 그래서 요즘은 그런 생각을 많이 한다. 누구든지 내 이웃들이 잘 되면 진심으로 축하해 주고 싶다고. 그리고 만나는 사람마다 축복을 빌어주고 싶다고. 아마 이것이 폴 투르니에가 말하는 지혜로운 노인이 되는 지름길일는지도 모르겠다.

한창 이 글을 쓰고 있는데 목사님한테 전화가 왔다. 지금 시간이 있냐고 묻는다. 우리 카페랑 가까운 곳에 이번에 교회 성도 한 명이 카페를 오픈 준비 중인데 올 수 있냐고 한다. 당연히 시간이 있었고 가겠다고 말씀드렸다. 사전에 연락받은 약속은 아니어서 전화를 끊자마자 서둘러 그곳으로 차를 몰고 가다가 이번에 해안도로에 새롭게 오픈한 도너스 가게에 멈춰서 작지만 도너스 몇 개를 포장해서 가지고 갔다. 그렇게 도착한 그곳은 세련되고 아름다운 카페였다. 역시 요즘 젊은 사람들은 미적 감각이 뛰어난 것 같다. 진심으로 이 카페가 잘 되었으면 좋겠다.

오픈 초기에는 사람들에게 알려지지 않아 어려운 순간들이 있겠지만 너무 실망하지 말고 하나님을 굳게 의지하여 오히려 그러한 순간이 본인들의 믿음을 더욱 단단하게 하는 좋은 계기가 되었으면 좋겠다. 한창 카페가 마무리 작업 중인데 다 완성되면 아내와 함께 다시 한번 가 볼 예정이다.

태풍과 〈산책〉

 태풍이 시작되었다. 현재 시간 밤 9시. 바람 방향 남동풍. 풍속 20m/s. 강수량 10mm. 최대 고비 새벽 3시~ 오전 9시. 그때 예상 풍속 25m/s. 강수량 40mm.

 제주는 태풍과 떨어지려야 떨어질 수가 없다. 이건 숙명이다. 서울에서 제주로 이사하고 이곳에 있는 동안 그간 살아오면서 경험할 수 없는 수많은 태풍을 직접 목격했다.

 그러면서 몇 년 전부터는 태풍일지도 기록하고 있다. 각 태풍마다 바람 방향, 최대풍속, 강수량 등을 기록하고 시간대마다 집과 〈산책〉건물의 상황을 기록한다. 카페출입문 쪽으로 비는 새는지, 그때 풍속과 강수량, 바람 방향은 어느 쪽인지, 창문은 얼마나 위협적으로 흔들리고 있는지 등을 세세히 적어 놓는다. 이런 자료들이 모이니 새롭게 태풍이 올 때마다 좋은 참고가 되고 있다. 각 태풍의 세기마다 단계별로 준비와 대응이 달라진다. 쓸데없이 걱정할 필요도 없고 그냥 막연히 잘 지나가겠지 하면서 무책임하게 있지도 않는다.

 오늘은 매스컴에서 하도 역대급이다 꽤 큰 강풍이다 라고 말들을 많이 해서 긴장하고 있다. 그런데 나의 태풍 자료에 의하면 중간 정도 세기의 태풍이다. 1층 〈산책〉카페의 창문이 위협적으로 흔들리기 위해서는 초속 32m/s 이상의 바람이 불어야 한다. 하지만 이번 태풍은 최대풍속은 40m/s 이지만 최단 근접 거리도 150km 이상은 될 거 같고 이 지역 풍속은 25m/s 정도로 예보되어 있다. 이 정도면 충분히 견디고 지나갈 태풍이다. 물론 나의 자료에 의한 예측이다.

 태풍이 불면 난 집과 〈산책〉건물 두 곳을 다 살펴야 한다. 하지만 집보다는 늘 바닷가 바로 앞에 있는 〈산책〉카페가 더 걱정이 되었다. 또 태풍이 오게 되면 무인카페의 특성상 카페 문을 닫을 수밖에 없다. 카페에 모든 상황을 통제할 주인이 있어야 하기 때문이다. 그래서 오늘은 카페 문을 닫고 이렇게 저녁때부터 카페에 나와 있다. 태풍이 오게 되면 〈산책〉카페는 출입문 밑으로 비가 들어올 때가 많다. 아니 거의 대부분 들어온다.

처음 오픈하고 태풍이 왔을 때는 아무것도 몰랐다. 아침에 나와 보니 카페 바닥에 물이 흥건하게 고여 있었다. 다행히 전기코드가 물 위에 있어서 정전까지는 되지 않았지만 그땐 정말 가슴이 덜컥 내려앉았다. 그다음부터는, 특히 북풍이 불고 풍속이 강하면 모래주머니를 출입문 바깥쪽에 쌓아둔다. 한결 낫다. 거의 새지 않고 어쩌다가 조금씩 흘러나오는 것은 출입문 뒤쪽에 몇 개의 수건을 비치해서 깔아 놓으면 모든 준비가 완벽했다.

예전에 제주토박이 분들은 바닷가 앞에 있는 집과 건물은 언젠가는 태풍으로 크게 피해를 볼 때가 있다고 생각했다. 실제 어린 시절부터 이 땅에 살아오면서 경험한 그분들의 자연스러운 예측이기도 했다. 그래서 바닷가 바로 앞 땅값이 쌌다. 또 염분으로 인해 작황도 좋지 않았다. 그런 땅을 누가 살까? 당연히 그분들의 생각대로라면 그 땅은 싸야 했다.

그런데 외지인들이 들어오면서 전혀 이해할 수 없는 일들이 일어났다. 이른바 오션뷰라고 너도나도 해안가에 집을 짓고 카페를 만들고 식당을 오픈했다. 우리 〈산책〉카페도 바닷가 바로 앞에 위치해 있다. 나는 지금도 그분들의 생각이 맞을 수 있다고 생각한다. 비록 운 좋게 10년 넘게 별 탈 없이 지내왔지만 오늘같이 이렇게 태풍이 불어 닥치는 날은 마음속 깊이 걱정이 몰려온다.

> 당신들이 들어가서 차지할 땅은 당신들이 나온 이집트 땅과는 다릅니다. 이집트에서는 채소밭에 물을 줄 때처럼, 씨를 뿌린 후에 발로 물을 댔지만, 당신들이 건너가서 차지할 땅에는 산과 골짜기가 많아서 하늘에서 내린 빗물로 밭에 물을 댑니다. 주 당신들의 하나님이 몸소 돌보시는 땅이고, 주 당신들의 하나님의 눈길이 해마다 정초부터 섣달 그믐날까지 늘 보살펴 주시는 땅입니다.
> 신명기 11:10-12, 새번역

이스라엘 민족이 하나님의 인도하심을 따라 이집트를 떠나 젖과 꿀이 흐르는 가나안으로 막상 들어갔지만 그곳은 사실 농사에는 적합하지 않은 땅이었다. 농사에 꼭 필요한 강수량도 적고 토질도 석회암과 사암으로 형성되어 있어 지하수를 얻기에도 힘들었다. 저장을 할 수 없어 대비를 할 수가 없다. 그래서 파종을 위해 가을에 내리는 이른 비가 필요했고 풍성한 수확을 위해 봄에 오는 늦은 비 역시 없어서는 안 될 중요한 비였다. 하늘의 운명에 따라 정해진 시간에 아주 적절하게 와야 하는 것이었다. 이런 상황 가운데 그들이 할 수 있는 것이 무엇일까? 주님에 대한 전적인 의존감 밖에는 없다.

바닷가 바로 앞. 그리고 무인카페. 나에겐 이집트와 같았던 서울을 떠나 주님의 손을 잡고 도착한 곳은 제주라는 섬 바닷가 바로 앞이었다. 난 그곳에 무인카페를 오픈했다. 젖과 꿀이 철철 넘치는 곳인 줄만 알았는데 여름이 슬슬 끝나가고 가을이 오면 무시무시한 태풍이 위협하는 곳이었다.

그런 바닷가 바로 앞에 주님은 어린 나를 혼자 두고 가셨다. 난 태풍이 올 때마다 무서워서 덜덜 떨었다. 눈도 못 뜰 정도로 거친 바람은 내 앞에 위력적인 파도를 몰고 오면서 위협을 했다. 유리창이 덜덜 흔들리고 정전이 되어 카페에 불이 나갔다. 외벽 타일 몇 개는 뜯겨져 나가면서 날카로운 비명 소리를 내며 떨어졌다. 깜깜한 카페 안에 혼자 두려움에 떨고 있는 나. 내가 그때 의지할 것은 오직 주님밖에 없었다. 전적인 의존감이다.

또 무인카페라는 것은 어떨까? 주인이 없는 상황 속에 늘 예기치 못한 사고는 일어났다. 내가 카페에 있어야 무엇을 대비하고 준비할 텐데 그곳에 있지 않으니 속수무책이었다. 과연 내가 할 수 있는 것이 무엇이란 말인가!

천신만고 끝에 가나안에 입성한 이스라엘 민족이 그랬던 것처럼 나도 이곳에서 늘 이른 비와 늦은 비를 위해 하나님께 기도한다. 비를 저장할 공간은 없다. 그때그때 은혜롭게 주어지는 비에 감사하면서 하루하루를 보낸다. 매일 하루하루 살아간다. 한때 이런 날들이 갑갑할 때도 있었다. 그날그날의 일용할 양식을 구하지 않고 나도 큰 창고에 곡식을 수없이 쌓아놓고 걱정 없이 살고 싶었다. 겉으론 부인하고 싶었지만 모든 것들에 대한 대비가 끝이 나서 하나님 없이도 충분히 잘 살 수 있고 행복할 수 있었음 좋겠다 하는 마음과 비슷했다.

하지만 그것은 하나님께서 원하시는 것이 아니었다. 언젠가 모든 것이 사라질 이 세상을 의지하지 말고 오직 하나님 한 분만을 바라보고 신뢰하는 것. 이것이 그분께서 의도하신 것이고 내가 이곳 바닷가 바로 앞, 그것도 무인카페를 하게 된 이유다. 글을 쓰면서 차분히 내 마음을 정리했다. 난 오직 하나님 한 분만을 의지한다. 이것이 앞서 말한 전적인 의존감이다.

//
4부

무인카페 〈산책〉 포스트잇

그게 나다운 거니까

어린 날 시작한 첫 사업이 실패하고 찾아온 제주.
다시 일어날 수 있을까?
나는 왜 이렇게 힘든 길을 사는 걸까 하고 고민하던 내게,
제주는 그냥 '너답게 살아'라고 이야기해주는 듯하다.
이 공간도 마찬가지다.

왜 돈이 되지도 않는 무인카페를,
그것도 이렇게 좋은 자리에 하냐고 물어볼 수 있지만
이 공간은 나에게 "그게 나다운 거니까"라고
말해 주는 듯하다.
나의 선택, 나의 행동, 나의 감정 모두 '나다운 것이니까.'
너무 쫄지 말고 너무 두려워하지 말자. 화이팅. 나도, 너도.
2018.3.10.〈산책〉포스트잇

실패를 하게 되면 그동안 자신의 인생 가운데 해보지 않았던 진지한 질문을 하게 된다. 보통 때에는 낯선 질문이다. 어색하기도 해서 놀림을 받기도 한다. 하지만 실패는 우릴 진지하게 만든다. 낯설고 어색한 질문을 스스로에게 다시 묻는다. 인생이 무엇일까?, 나는 누구이며 무엇을 좋아하는 사람인가?, 어떻게 살아야 하는가? 등등 쉽게 대답할 수 없는 많은 질문을 스스로에게 묻고 또 묻는다. 그래서 어떤 사람은 질문에 대한 답을 얻기 위해 여행을 떠나기도 한다. 꼭 답을 얻으러 가야 한다는 일념으로 떠난 것은 아니다. 얻고 못 얻고는 이젠 중요한 문제가 아니다. 찾으러 가는 과정이 그에게는 이미 답이 되기도 한다.

2009년 내 인생 마흔에 나도 크게 실패했다. 나 역시 동일한 과정을 거쳤다. 생각하고 스스로에게 질문하고 또 질문하고. 결국 서울을 떠나 제주로의 이주계획을 세우자마자 주변의 반대가 심해지면서 내 고민은 다시 깊어져 갔다. 그래서일까? 그해 여름은 더욱 뜨거웠다. 낯선 곳으로 이주해야 한다는 부담감과 두려움, 그리고 수많은 주변의 조언과 간섭이 쌓이고 쌓이면서 서울의 아스팔트도, 내 마음도 한증막 같은 더위가 연이어 찾아왔다. 하지만 결국 전쟁 같은 여름이 지나고 아침저녁으로 찬바람이 솔솔 불어올 무렵, 고민은 결실이 되고 난 주변의 반대를 용기 있게 넘어섰다.

성경적 관점의 무한한 가치는, 그것이 삶의 무수한 사건들을 대하는 우리의 태도를 근본적으로 변하게 한다는 데 있다. 이제 더 이상 어떤 일이 행운인가 불행인가, 우리에게 유리한가 불리한가, 성공인가 실패인가 하는 것이 문제가 아니라, 그것들이 하나님의 목적 안에서 무엇을 뜻하는가 하는 것이 문제가 된다.
〈모험으로 사는 인생〉 폴 투르니에. 한국기독학생회출판부. 197-198쪽. 1994년.

지금도 간혹 가슴을 쓸어내릴 때가 있다. 만약 그때 제주에 오지 않았다면 난 어떤 모습으로 서울에서 계속 살아가고 있었을까? 여전히 술은 흥청망청 마시고 있었을 것 같고 내가 사 놓은 아파트는 결국 값이 올라 '그래 역시 뭐니 뭐니 해도 부동산이지' 하고 안도하고 있었을까? 또 절제하지 못하는 식습관은 체중의 증가와 예기치 않은 병도 불러올 수 있었겠지. 신앙은 말할 것도 없고. 그렇다면 차라리 그때 실패하고 지금의 제주의 삶을 되찾은 것이 오히려 성공이 아니었을까?

제주에 와서야 삶은 그렇게 단순하지 않다는 것을 알게 되었다. 난 그전까지 아주 단순하게 생각했다. 실패는 말 그대로 실패였고 성공은 언제나 성공이었다. 사고의 복잡성이 전혀 없었다. 그렇게 내 생각대로 살다가 느닷없이 넘어졌다. 억울함과 고통, 후회가 물밀듯 밀려오면서 그때가 돼서야 사고가 복잡해졌다. 실패를 했는데 무언가 얻은 것이 있고 깨달은 것이 있으니 절반은 성공이었다. 만일 실패를 극복하는 과정에서 전에는 결코 알 수 없었던 귀한 경험과 지혜도 얻었다면 성공으로 살짝 변하는 역사적인 순간도 맛보게 된다.

역설이 시작된다. 이때부터 누구도 가르쳐 줄 수 없는, 오직 본인의 삶을 희생해서만 얻을 수 있는 삶의 역설을 배우게 된다. 성공이 독이 되어 자신을 망칠 수 있고 실패가 약이 되어 자신을 세울 수도 있다. 폴 투르니에는 거기에 하나님의 관점과 목적을 더해서 설명했다. 세상의 모든 성공과 실패, 그리고 사건들 속에서 그것이 하나님과 나와의 관계를 더욱 가깝게 만들었느냐 멀어지게 만들었느냐의 여부를 보고 판단하겠다고 한 것이다.

이곳 제주에서는 정말 신앙생활을 잘하고 싶었다. 그러기 위해서는 정신없이 바쁘고 싶지 않았다. 그래서 만든 것이 무인카페 〈산책〉이었다. 주님은 이런 나의 마음을 받으셨고 좋아하셨다. 폴 투르니에가 의미하는 바에 따르면 난 대단한 성공을 거둔 셈이다. 나답게 살아간다는 포스트잇의 내용도 그랬다. 서울에서 나에 대해 생각하고 집착할수록 나는 왠지 더 외로워져 갔다. 내가 나를 찾는데 더욱 혼란스러워져 갔다. 하고 있는 야채장사의 일도 의미 없어 보이고 뭔가 새로운 재미를 쫓아 다녔다. 그러는 사이 더할 나위 없이 견고했던 것들에 금이 가기 시작했고 결국 모든 것이 무너졌을 때 난 제주로 이주했다.

하지만 이곳 제주에서는 오히려 반대였다. 주님께 복종할수록, 믿음 안에서 내가 나 자신을 잊어버리기 시작할수록 나는 전에는 알 수 없었던 새로운 나를 발견해 갔다. 수중에 돈이 없으면 두려워서 벌벌 떠는 내가, 매일같이 허탕치는 무인카페의 돈 통 앞에서도 담대해져 갔다. 제주로 이주하고 3년간의 긴 마이너스도 꿋꿋이 이겨냈다. 결과적으로 그분 말처럼 이렇게 좋은 자리에 돈이 안 되는 무인카페를 계속하고 있는 것도 모두 내가 나를 잊고 주님께 집중한 결과였다. 사람들은 그런 나를 보고 나답게 살아가는 것이 무엇인지 알게 되었다고 이야기하고 있다. 아니 도대체 그렇다면 그 전부터 알고 있었던 이전의 나는 누구이고 이곳 제주에서 나를 잊고 새롭게 발견한 나는 또 누구란 말인가! 나답게 산다는 것이 이전의 나처럼 살고 있는 것을 의미하는 것일까? 아니면 새롭게 발견한 나의 모습대로 살고 있는 것을 의미하는 것일까?

시간이 흘러 모든 것이 정상적으로 회복되었다. 주님께서 이곳 제주에서, 서울에서 허물어졌던 모든 것을 다시 새롭게 세우셨다. 놀랄 정도이다. 주변 사람들도 다시 성공이라는 단어를 사용하기 시작했다. 이만하면 제주에 와서 성공한 거라고. 하지만 나는 이제 다시 생각해야 한다. 지금의 성공이 과연 성공일까? 손님이 포스트잇을 쓴 시기가 2018년이고 3년이라는 시간이 다시 지났는데 지금 나는 여전히 나답게 살고 있을까? 삶은 단순하지 않다. 모든 사건은 주님 안에서 새롭게 평가되어야 한다.

한 번에 다 만들어지지 않는다

> 퇴사 퇴사 후 여기저기 치이다 무계획 여행.
> 결국 인근 지하에서 스텝까지.
> 잠시 쉬어가고 싶어서 제주살이 하게 되었지만
> 이젠 정착을 하려고 합니다.
> 2019.3.19 〈산책〉포스트잇

아침 오픈 때 노란색 포스트잇 하나가 눈에 띄었다. 잘 쓴 글씨체는 아니었지만 자신의 현 상황을 담담히 적어 간 글에서 이상하게 그 글씨체가 진정성 있게 다가왔다. 또 예전 생각도 났다. 제주에 입도해서 무엇을 할지 몰라 이것저것 살펴보다가 우연히 찾아간 무인카페에서 난 사장님께 내 상황을 솔직히 이야기한 적이 있었다. 문득 그때의 기억들이 떠올라 정성스럽게 포스트잇에 답글을 달았다.

 답글을 확인한 것일까? 며칠이 지나 카페 오픈 시간에 맞추어 일찍 들어오는 젊은 남자 한 분이 있었다. 보통 키에 적당한 체구, 그러면서 아주 남자답게 생긴 젊은이. 그러더니 한동안 계속해서 정해진 시간에 들어왔다. 무인카페 사장을 만나는 것이 쉬운 일은 아닌데 이렇게 오픈 시간에 맞춰 찾아오니 자연스럽게 매일같이 만나게 되었다. 가벼운 인사로 시작해서 몇 마디 나누다가 몇 번의 만남을 통해 난 그가 노란색 포스트잇에 글을 남긴 사람임을 어렴풋이 짐작하게 되었다.

 하지만 일부러 아는 체 하지는 않았다. 혹시나 아닐 수도 있고 또 그가 먼저 이야기하기를 기다렸다. 주제도 그렇게 가볍지 않았다. 실패와 어려움, 그리고 새로운 곳에서의 정착. 물론 내가 경험한 것이고 이야기해 줄 것은 충분히 있었지만 기다리는 것이 그 사람에 대한 예의라고 생각했다. 물론 결국 이야기하지 않으면 어쩔 수 없고. 그렇게 우린 아무도 없는 오전 시간에 오픈 준비를 하면서 포스트잇 내용과 전혀 상관없는 다른 이야기들을 나누었다.
 제주의 자연과 날씨와 음식, 좋았던 곳 같은 이야기들... 그러던 어느 날이었을까, 그가 결국 묻지도 않은 노란 포스트잇 내용을 꺼냈다. 여러 가지 사정으로 회사를 그만두었고 복잡한 감정과 피곤함 속에서 찾아온 이 제주에서 이젠 정착을 꿈꾸게 되었는데 마땅치 않다고 했다. 자신이 가지고 있는 유일한 기술이 이곳 제주에는 너무 대우가 안 좋고 막상 그것을 바탕으로 창업을 하려고 해도 제주의 실정에 대해 모르는 것이 많다 보니 고민이 된다는 것이었다.

> 퇴사 퇴사 후
> 무계획 여행 중에
> 인근 게하스텝
> 처음엔 잠시 쉬어가고 싶어서
> 이젠 정착을 꿈꾼다.

그가 쓴 내용을 다시 한번 차분히 적어 보았다.

아무한테나 조언해 줄 순 없다. 조언을 먼저 구해야 조언을 해준다. 그건 너무 당연하다. 요즘은 그런 생각을 할 때가 있다. 무슨 말이 그렇게 필요할까? 결국 아무리 좋은 말도 듣는 사람이 받아들이지 못하면 아무런 소용이 없다. 그래서 말을 최대한 적게 하고 싶은데 어떻게든 도움을 주고 싶다는 욕심에 결국 말은 많아진다. 말은 욕심에 의해 힘을 잃는다.

하지만 이 날은 좀 특별했다. 분위기도 좋았다. 조용한 오전 시간, 창가로 살며시 내려오는 부드러운 햇살, 두 남자, 간혹 살랑살랑 내 귀를 스쳐 지나가는 카페 음악, 향기로운 커피, 그리고... 내 눈을 똑바로 쳐다보며 온 집중을 다해 듣고 있는 저 또랑또랑한 두 눈망울.

그냥 다시 육지로 갔을까?
아님, 더 포기하는 마음으로 절망하고 있을까?

그렇게 깊은 이야기를 나누고 헤어진 다음 날부터 매일같이 오던 그가 갑자기 발길을 뚝 끊고 카페에 오지 않았다. '바쁜 일이 있겠지, 내일은 올 거야' 하고 생각했는데 다음 날도 오지 않고 그 다음 날도 오지 않았다. 좀 이상하고 마음에 부담이 생겼다. 내 말이 무언가 잘못된 걸까? 쓸데없이 남의 인생, 이래라저래라 한 것일까, 괜히 이야기했나? 등등 복잡다단한 여러 가지 생각이 들 무렵, 어느 날 갑자기 카페 마감 때에 못 보던 친구와 함께 다시 찾아왔다. 그것도 아주 깨끗이 잘 차려입고. 표정을 보니 아주 밝았다. 좋은 징조였다.

아니나 다를까 이야기를 들어본 즉, 이곳 제주에서 우연히 좋은 직장을 발견했는데 그 직장이 제주에서 근무할 수도 있고 서울에서도 근무할 수 있다고 했다. 그러면서 제주 정착을 위해 알아본 직장이 조건은 서울 쪽이 더 좋아서 고민이 된다는 것이다.

바보야,
 그럼
바로 제주지.
뭘 고민해!

라고 뒤통수 한 번 때리고 조언하고 싶었지만 그렇게 하진 않았다. 그간 살아온 내 경험의 나침판 바늘은 당연히 제주였지만 그 친구는 다를 수 있었다. 또 제주에 대한 열망이 그 친구와 나는 많이 다를 수 있음을 인정해야 했다. 그는 그렇게 한 달간을 치열하게 고민하더니 처음 카페에 메모 한 장을 남기고 찾아왔듯, 어느 날 마지막으로 카페 냉장고 한쪽에 메모 한 장을 남기고 훌쩍 서울로 올라갔다. 좀 아쉽기도 하지만 무인카페의 작별이 이럴 때도 있다. 포스트잇 한 장으로 만남이 시작되고 작별도 포스트잇 한 장으로 마무리되었다. 마지막으로 서울로 올라갈 때 잘하라고 어깨 한번 두드려 주지 못했다. 내가 카페에 있었다면 손이라도 잡아 주었을 텐데 아쉬움은 있지만 무인카페의 이런 여백도 나쁘진 않다.

> 사장님 안녕하세요
> 오픈 마감 시간에 자주 왔던 청년입니다. 제주 정착으로 한 달을 살았지만,
> 우연한 기회로 서울을 가게 되어 좀 얼떨떨합니다.
> 마감 때 해 주셨던 대화와 조언으로 질풍노도의 시기와 같던 28살의 저를
> 조금이나마 진정시켰던 것 같습니다.
> 이렇게 갑자기 서울로 가게 되었지만
> 사장님과의 대화는 잊혀질 것 같지 않습니다...
> 2019.4.17. 〈산책〉포스트잇

'그래 결정했구나 서울로' 한창 제주가 좋아질 무렵이었는데 그는 결국 서울로 갔다. 제주가 그에게 처음이었듯이 서울 역시 그에겐 낯선 도시다. 익숙하지 않은 것은 굉장히 매력적으로 보인다. 또 대한민국에서 서울을 빼면 너무 아쉽지 않을까? 40년을 서울

에서 살다가 제주로 온 나에게는 '서울, 직접 가 보면 별거 없어'라는 말이 그냥 툭~ 하고 나오지만 그에게는 역시 말할 수 없었다.

모든 것이 한 번에 이루어지지 않는다. 예전에 나는 제주에 대한 막연한 동경으로 몇 년을 술만 먹으면 친구들한테 '나는 언젠가는 꼭 제주에 갈 거야 갈 거야' 하고 수십 번 주정을 했다. 노래방에서는 수백 번도 더 '제주도 푸른 밤'을 불렀다.

그렇게 시간이 흐르고 흘러 어느 날 하던 모든 것을 접게 되었을 때, 난 그렇게 불러댔던 먼 옛날의 제주도 푸른 밤이 떠올랐다. 얼핏 보면 무의미하게 보였던 그 전의 모든 시간들이 하나하나 연결고리가 되어 결국 열매를 만들어 냈다. 잊혀진 듯, 잊혀지지 않았던 제주에 대한 꿈은 그렇게 갑작스레 내 인생에 현실적으로 다가왔다. 아마 그도 나의 이런 과정을 밟게 될 것 같다. 모든 것이 한 번에 다 만들어지진 않는다.

떠나야 알 수 있다

 오전 시간부터 열심히 커피를 볶고 있다. 커피는 카페 오픈 전에만 볶는다. 구수한 콩 볶는 냄새가 요란스럽다. 특히 다 볶은 원두를 원형 철제망에 쏟아붓는 순간 하얀 연기와 함께 커피향은 최고조로 치닫는다. 그럴 땐 꼭 누군가를 유혹해 포로로 잡아 카페로 끌고 온다. 아니나 다를까 희생양이 곧 나타났다. 한 젊은 커플이 더듬더듬 커피향을 찾아 카페로 들어왔다. 현재 일본 도쿄에 살고 있는 젊은 한국인 커플. 본인 생일 축하 겸 여자 친구와 오랜만에 한국에 여행을 왔다고 했다. 이른 아침, 무인카페. 오픈 전이라 카페에 주인이 있는 것이 그분들에게도 어색하지는 않다.

 커피를 볶으면서 중간중간 이야기를 나누었다. 이상하게 오늘 처음 만난 사이임에도 불구하고 어색하지 않았다. 나이 차이도 가볍게 넘어섰다. 우린 너무나 자연스럽게 자신의 이야기를 했다. 왜 젊은 시절 한국을 떠나 일본으로 가게 되었는지, 거기에서 어려운 점은 없었는지, 나는 왜 서울을 떠나 이곳 제주에 오게 되었는지 등등 다소 무거운 주제들도 거침이 없었다. 아마 정든 곳을 떠나 낯선 곳에 정착했다는 공통점이 있어서 그런 것 같았다.

"왜 서울을 떠나 제주로 오셨어요?"
"그래도 제주는 같은 한국인데
  도쿄는 다른 나라라서 힘든 점은 없었어요?"

떠나 본 사람들은 서로의 마음을 안다. 무슨 이유로 떠났든, 어떤 곳으로 갔든 일단 떠나 본 사람들은 뭔가 서로 통하는 것이 있다. 공통점이 있다. 주변 사람들의 반대는 단골 메뉴 1위다. 왜들 그렇게 반대하는지, 마치 떠나면 죽는 사람처럼 쌍심지 켜며 반대한 사람들을 모두 갖고 있다.

낯선 곳에서 정착할 때의 어려움도 역시 마찬가지다. 홀로 이방인처럼 살아내야 했던 시간들 역시 갖고 있다. 그래서 같이 이야기할 수 있고 공감할 수 있다. 난 그들의 자세한 상황은 알 수 없지만 그들이 한국을 떠나야 했던 때의 처절한 고민과 갈등, 어려움들을 이해할 수 있었다. 결국 모든 것을 접고 용기를 내야 했을 때의 시간도 알고 있다.

나도 그렇게 서울을 떠나 제주에 왔기 때문이다. 우린 이야기 하는 동안 깊은 한숨을 내쉬기도 했고 간혹 고개를 끄덕이며 공감해 주기도 했다. 박수를 치며 환호할 때도 있었다.

> 너는 네가 살고 있는 땅과 네가 난 곳과,
> 너의 아버지 집을 떠나서
> 내가 보여 주는 땅으로 가거라.
> 　창세기 12:1, 새번역

제주 이주를 앞두고 생판 모르는 곳에서 고생할 생각에 잠도 안올 때가 있었다. 그런 두려움이 극에 달했을 때가 제주이삿짐센터와 계약을 하고 난 후였다. 며칠 있으면 '정말 가는 건가?' 하면서 잠을 못 자고 있는데, 뒤척이는 나를 보며 아내가 물었다. "왜 그렇게 잠을 못자?" 나는 아내에게 연이어 질문을 했다. "가는 것이 맞는 걸까?", "잘못되면 어떡하지?"

아내는 훅 지르는 것 같은 단호함으로 한마디 하고 바로 뒤돌아 잠을 잔다.

"짧은 인생, 한번 극적으로 살아볼 수 있는 거지. 뭐."

간혹 그때 주저하면서 떠나지 못했다면 어땠을까 하는 생각을 할 때가 있다. 수많은 사람들의 반대와 염려에 굴복해서 그냥 그 자리에 주저앉아 버렸다면 어땠을까 하는 생각 말이다. 특별한 이론과 경험이 있어서 반대하는 것도 아니다. 부모 입장에서 자식을 낯선 제주에 보낸다는 것이 마음 아프고 거기에 가면 뭔가 뾰족한 것이 있을까 하는 염려들로 인해 반대를 한다. 자신의 삶을 통해 얻은 경험과 지식, 그것이 우리 부모님에게는 평생을 해 오신 야채장사가 전부였다.

누구나 그렇듯 본인들의 영역 안에서 해결의 답이 보이면 괜찮은 것이고 그렇지 않으면 위험한 것이다. 하지만 나는 이곳 제주에서 내가 했던 야채장사 말고 카페와 숙박이라는 영역도 경험했다. 최소한 내가 우리 부모님보다 다른 어떤 이에게 더 많은 방법과 가능성을 이야기할 수도 있다.

그러면서 한 가지 더 추가된 것은 내가 비록 알지 못한 상태에서 떠나왔음에도 이곳에서 새로운 것을 찾았듯이, 다른 누군가도 그렇게 찾을 수 있다는 가능성을 인정할 수 있다는 것이다. 나는 다른 사람에게 그 가능성까지 이야기해 줄 수 있다.

"도쿄로 갈 때 부모님들의 반대가 많았죠?"
"아휴~ 말도 마세요."

우린 크게 같이 웃었다. 제주로 떠나는 우리를 보고 사람들은 무모하다는 말을 많이 했다. 솔직히 무모함과 용기의 정확한 차이는 모르겠다. 사람들은 나를 보고 무모하다고 했고 나는 그때 용기를 낸다고 생각했으니까. 주변의 수많은 조언과 염려들이 그 당시 우리 부부를 가득 에워싸고 있을 때, 우연히 인터넷에서 기사 하나를 읽었던 적이 있었다.

쓰레기장 주변에 사는 주민들 이야기인데 정부에서는 이들의 건강과 삶의 복지를 위해 다른 곳에 집을 지어주고 이주하라고 해도 그 사람들은 그것을 거부하면서 쓰레기장 주변에 텐트를 치며 살고 있었다. 쓰레기를 주우면서 돈도 벌 수 있고 간혹 상하지 않은 음식을 주워 먹으면서 생활에 필요한 물건도 얻을 수 있는데 왜 그곳을 떠나야 하냐는 것이다. 그러면서 그들은 그렇게 쓰레기장 주변을 떠나지 않고 있었다. 그렇다면 그때 어떤 사람이 그곳을 떠나 새로운 곳으로 이주한다면 그 사람은 남아 있는 사람들의 눈에 무모함으로 보이는 것일까, 용기를 낸 것일까?

예전에 부모님 팔순 잔치 때문에 서울에 다녀온 적이 있었다. 지금은 코로나로 미세먼지가 없지만 그땐 정말 최악이었다. 김포공항에 내리기 직전, 하늘 위 비행기 안에서부터 자욱하게 퍼져있는 바깥 공기를 보며 숨이 콱 막혀 왔다. 공항에 내려서 택시를 타고 부모님 집까지 갈 때에는 복잡한 도로와 택시기사의 무법천지 곡예 운전을 제대로 실감했다.

그렇게 힘들게 도착했는데 오랜만에 만난 사람들은 여전히 바쁘고 정신이 없었다. 커피 한 잔 편하게 할 시간도, 앞으로 살아갈 인생의 지향점과 같은 이야기도 뜬구름 잡는 것 같은 분위기였다. 그저, 열심히 정신없이 살아가고 있었다.

잘 왔다. 제주.

그렇게 팔순 잔치가 끝나고 김포공항을 떠나 제주공항에 도착하자마자 막혔던 숨이 탁 터졌다. 택시를 타고 운전기사분한테 "애월이요."라고 말하니 신나게 달렸다. 저 멀리 집 근처 고내봉이 보이는 순간 묘한 감동도 밀려왔다. 집에 도착하자마자 우리집 귀염둥이 강아지 요거트를 간단히 산책시키고 아내와 커피 한 잔을 했다. 어떻게 보면 서울에서 내가 가장 그리워했던 것은 이렇게 가까운 사람과 여유 있는 시간을 보내며 따뜻한 커피 한 잔하는 것이었다. 그리고 우린 근처 해안도로로 산책을 나갔다.

강렬했던 해는 서서히 지고 해안도로 가로등에 불이 켜졌다. 바다 위 고깃배 불도 오늘따라 휘황찬란하다. 한산한 도로를 사람들이 웃으면서 산책하고 있고 관광객들도 즐거워하며 바다를 배경으로 사진을 찍고 있었다. 떠나야 비로소 알게 된다. 지금까지 있었던 그곳이 어떤 곳이었는지. 떠나야 할 이유가 있고 떠날 수 있다면 두려워할 필요는 없다.

글씨체와 상상

"혹시 이 포스트잇 답글 쓰신 분이신가요?"

가슴이 철렁한다. 카페에 들어서니 손님 한 분이 웃으면서 물어본다. 이미 내가 오기 전에 카페에서 그들끼리 내가 쓴 포스트잇 답글을 보며 여러 이야기를 나눈 모양이다. 주인이 여자인 것 같다, 아니다 남자이다, 나이가 젊은 사람이다, 그렇지 않다 등등. 막상 이렇게 우연히 주인을 보게 되면서 다소 실망하는 것 같기도 하고 의외로 놀란 것 같기도 하다. 진짜냐고 다시 묻는 분도 있다.

'아니 이 사람들이~ 맞다니깐!'

무인카페에서 주인의 등장은 늘 부담스러운 부분이다. 숨어 있다가 까꿍 하면서 아이들한테 나타나는 느낌이다. 놀라기보다는 부담스러운 쪽에 가깝다. 하지만 대개 금방 이해를 한다. 얼음을 채우고 커피머신에서 원두 찌꺼기도 제거하고 다른 손님들이 미처 치우지 못한 것들도 깔끔하게 정리를 한다. 이 모든 것들을 손님들은 유심히 쳐다본다. 하긴 궁금할 수도 있을 거 같다. 이런 카페를 운영하는 사람이 어떤 사람인지 궁금했는데 그 실체를 확인하는 순간이니까.

"글씨를 정말 잘 쓰세요." 내가 쓴 글씨라는 것을 확인하는 순간 몇 분들은 한발 더 나아간다. 글씨체와 관련해서 질문들은 이어진다. 자신은 정말 글씨를 못 쓴다고 부끄럽게 고백하시는 분도 계시고 도대체 무슨 펜으로 썼냐고 볼펜 종류를 물어보시는 분도 계신다. 의아하긴 하다. 카페에 답글을 쓴 내 글씨체는 그렇게 잘 쓴 필체임이 아님에도 불구하고 의외로 사람들은 내 글씨체와 관련해서 칭찬을 할 때가 많다. 혹시 뭔가 있을까 하며 비결을 물으시는 분도 있다.

"누구든 한 자, 한 자 천천히 쓰면 됩니다."

실제로 그랬다. 그냥 천천히 쓴다. 하나, 하나 천천히 눌러서 아주 느리게 쓴다. 내 생각엔 잘 쓰는 글씨는 아닌데 그 안에 정성이 들어가 있어 글씨가 더 예뻐 보이는 것 같다. 개인적인 생각이긴 해도 어떤 악필도 천천히 쓰면 최소한 악필이라는 소리는 듣지 않는다고 생각한다. 대개 글씨를 못 쓰는 사람이 빨리 쓰는 경향이 있다. 어떤 면에서 삶도, 일도 공간도 정성을 다하면 아름답지 않은 것이 없다. 비록 작고 소박한 공간이긴 해도 아끼고 정성을 기울이면 이곳에 오는 손님들도 이 공간을 새롭게 평가한다.

손님들이 내가 쓴 포스트잇 답글을 통해 나를 상상하듯 나 또한 손님들이 써 놓고 간 포스트잇을 보면서 그분들을 상상한다. 단순히 한 장 써 놓고 갔는데 그 한 장에는 그 사람을 알 수 있는 많은 단서가 있다.

우선 필체를 보면 대충 나이를 가늠할 수 있다. 전화기 목소리만 듣고도 대충 나이를 짐작할 수 있듯이 필체만 봐도 대강 알 수 있다. 남자인지 여자인지 성별 구별은 척 보면 안다. 문장을 읽으면서 확신은 강해지고 정확한 나이대도 추측이 된다. 소탈하고 소심한 성격인지, 세심하면서 배려감이 있는 분인지도 알 때가 있다. 내용을 길게, 많이 쓰면 쓸수록 단서는 많아지고 내 머릿속은 복잡하게 돌아간다. 무한한 상상은 시작된다. 어느덧 성별, 나이, 이미지, 분위기 등이 한 장의 사진으로 그려진다.

　내가 그랬듯 손님들 또한 이미 카페 안에 무수히 쓴 내 답글을 보면서 수많은 단서를 잡아냈다. 그리고 내가 한 것처럼 한 장의 사진으로 뽑아놓고 있었다. 그런데 아주 우연히, 기적같이 내가 나타난 것이다! 하지만 내가 카페에 들어가는 순간, 이미 상상으로 뽑혀 나온 사진과 내 이미지는 다를 가망성이 많다. 그래서 무인카페를 체크하는 횟수는 가급적 최소한으로 유지한다. 그분들 충격을 줄이기 위한 나만의 배려이기도 하다.

　오늘도 카페를 체크했다. 손님 한 분이 나를 머리부터 발끝까지 순간적으로 스캔하고 있음을 느꼈다. 뭔가 말을 하려는 듯하다가 그냥 주저하면서 본인들의 대화를 이어간다. 이젠 나도 편하게 생각하기로 했다. '그래. 살다 보면 환상이 깨질 수도 있는 법이지.'

무인카페 사장님은 어떤 분이실까...
*궁금한 카페^^*
사람을 믿고 산다는 것. 정말 멋진 분!
2020.9.28 〈산책〉포스트잇

그 포스트잇에는 답을 달 수 없다

저녁 시간에 잠깐 카페를 체크하러 갔는데 30대 후반으로 보이는 여성 손님 한 분이 고개를 푹 숙인 채 카페 한쪽 구석에서 무엇인가를 집중하며 글을 쓰고 있었다. 카페는 그분 말고 아무도 없었다.

"여기 밤 10시까지 영업하는 거 맞죠?" 그녀는 내 쪽은 쳐다보지도 않은 채 자신의 일에 열중하면서 물어보았다. 꽁꽁 얼어붙은 강바닥이 갈라지듯 조용한 카페 내부가 말 한마디로 선명하게 금이 쭈~욱 갔다. 아마 내가 지금 카페를 닫으러 온 것으로 착각했던 것 같았다.

"예, 카페는 밤 10시에 영업을 종료합니다." 라고 정중하게 대답해 주었다. 그리고 최대한 방해가 되지 않게 간단히 카페를 정리하고 나가려는 순간, 그녀가 앉아 있는 책상 위로 눈물을 닦은 것으로 보이는 휴지가 어지럽게 쌓여 있는 것이 내 눈에 우연히 들어왔다.

> '너무 오래 있다가서 죄송합니다. 대신 찻값으로 더 넣고 갑니다.
> 잘 쉬다 갑니다. 포스트잇 많이 써서 ㅠㅠ 꾸벅'

영업을 마감하고 돈 통을 보니 5천 원짜리 지폐에 파란색 포스트잇 하나가 붙어 있었다. 문득 그녀 생각이 났다. 그러면서 수북이 쌓여 있었던 눈물을 닦던 휴지들도 눈앞에 아른거렸다. 그렇게 다음날이 되어 오픈 준비로 이리저리 바쁘게 카페 안을 돌아다니다가 어제 그분이 쓴 것으로 보이는 여러 장의 포스트잇을 카페 한쪽 구석에서 발견했다. 어제 그분이 계셨던 그 자리에서 정확하게.

> 소중한 내 새끼들 정말 미안해 ㅜㅜ
> 엄마가 너무 미안해
> 너무 사랑하는데 점점 약해져 가는 엄마
> 어쩌면 좋을까?

〈산책〉포스트잇

 마음이 무너져 내렸다. 어제 10시까지 영업하는 것 맞냐는 그녀의 목소리와 오래 있어서 죄송하다는 쪽지글. 그리고 오늘의 포스트잇이 연속으로 내 마음을 휘젓고 있다. 하지만 답은 달 순 없었다. 〈산책〉카페에는 이렇게 쉽게 답을 달 수 없는 포스트잇이 종종 붙어 있을 때가 있다. 사람들은 그렇게 아무도 없는 이곳에서 누구에게도 말 할 수 없는 자신만의 모든 이야기들을 쏟아 놓고 간다.

 하지만 이에 대한 답글을 쓸 수 없는 경우가 있고 그래서 마음의 무게들을 가지고 있다. 다른 평범한 사연들에 대해서는 카페지기가 답을 달아 주고 공감하고 있는데 막상 더 큰 문제와 사연을 가지고 있는 포스트잇에는 카페지기의 답글이 없다.

 슬픔이 너무 크면 말이 없어진다. 그런 기억도 있다. 아버님이 불의의 사고로 돌아가시고 장례를 치른 후에 제주에 몸과 마음을 쉬러 오신 분이 계셨다. 그분은 제주의 여러 곳을 다니다가 우연하게 이곳 〈산책〉카페에 들렸다고 했다. 그러면서 아무도 없는 무인카페에서 그간 억눌렸던 슬픔이 쏟아져 나오고 그런 마음을 담은 포스트잇 한 장을 카페에 남겨 두고 가셨다. 난 그 포스트잇을 몇 날 며칠을 계속 보고 주저하고 있었다. 도대체 이 포스트잇에 어떤 답글을 남겨야 할까? 결국 나는 또 답글을 남기지 못했다. 어제의 그분도 내가 답을 할 수 없는 여러 가지 가정의 문제들을 포스트잇에 숨김없이 쏟아 놓고 가셨다. 그분이 쓰신 글을 하나하나 읽는 것조차 내 마음이 무거울 정도로 문제들은 깊고 단순하지 않았다.

> 사랑하는 우리 언니~
> 잘 있었어? 오늘은 사장님이 계시네. 처음 보았어. 오늘은 혼자 온 첫날.
> 늘 혼자 오지만. 어제는 엄청나게 힘든 하루였어. 언니 생각이 많이 나더라.
> 요즘 많이 힘들어. 병원 다닌 지 세 달 정도 됐어.
> 마음이 단단해지지 않나 봐.
> 짐이 무겁다. 언닌 참 오래 이 짐을 지고 있었겠다. 참 고생 많았어.
> 지금은 다 잊고 훨훨 새로 태어나 있길 바래…
>
> 직원도 8명 늘었어. 일도 많고 시샘하는 사람도 많고 버겁고…
> 하루 종일 일에 지쳐 새벽에 들어와서 엄마가 취해서 어지러진 집을 치울 때
> 자꾸 무너져. 한계인가 봐. 일을 좀 줄이려고.
> 몸이 약해지니 맘은 더 빨리 무너지는 것 같아. 잘 이겨내야지.
> 오늘은 0시간 잤어. 밤새고 6시 비행기 타고 왔어.
> 어제 정말 10분도 쉴 시간 없이

12시간 넘게 미팅에 회의에 상담에...
그리고 한 시에 들어와서 집 치우니 오시...
정리하니 3시. 못 자고 바로 왔어. 여기오면 그냥 언니 보러오는 것 같애...
2020.9.24 〈산책〉포스트잇

한참을 마음에 두고, 이렇게 시간이 지나서 다시 봐도 답은 여전히 달 수 없다. 그냥 그 사람 옆에서 가만히 있는 것이 그분에게 최대의 위로이고 격려가 되듯 나도 가만히 서서 바라보고 있다. 그리고 내가 할 수 있는 유일한 일은 오늘도 우연히 무인카페를 찾는 분들에게 최선을 다해 공간을 제공하고 따뜻하게 맞아주는 것이 전부다. 이것이 내가 말없이 그분 옆에 있는 일이라고 생각한다.

친구야 하늘나라에서
잘 지내지.
바람 많이 불던 날
이곳에서 커피 마시며 추위를 달랬지.
9월에 너의 아들 결혼해.
아무 걱정 말고 편히 쉬어.
2020.4.24. 〈산책〉포스트잇

변하지 말자, 변할 수도 없다

 10년이 넘도록 〈산책〉카페는 변한 것이 없다. 오픈한 지 만으로 11년이 넘어서야 카페 외관 공사를 하며 바꾼 것이 전부다. 1년 전쯤인가, 카페에서 우연히 한 손님을 만났다. 손님이야 카페 점검 때마다 마주치는 건데 그분은 조금 특별했다. 짧은 휴가 기간에 매일 왔고 〈산책〉카페를 너무 좋아한 나머지 주인인 나와 저녁 식사를 하고 싶다고 제안까지 한 것이다.

 그렇게 같이 간 제주 시내 음식점은 허름한 옛날 식당이었지만 나름 유명한 곳이었다. "저 간판 좀 보세요. 저는 저 간판만 보면 가슴이 두근거려요" 하얀 형광색 빛을 내는, 그러면서 이 나라에서 가장 익숙하고 친숙한 딸 이름을 넣은 아주 오래된 간판이었다. 그분은 무인카페 〈산책〉 간판이 이와 같다고 했다.

 이번에 외관 공사를 하면서 그간 아내가 나이 들어 보인다는 카페 간판을 교체하고 산뜻한 것으로 바꾸었는데 그분은 이걸 보고 뭐라고 하실까? 정겨운 맛이 없어졌다고 실망하실까 나름 산뜻해졌다고 좋아하실까? 하지만 나머지 카페 안은 그대로다. 사실 이번 공사 때 카페 안도 부분적으로 공사를 할까 하다가 돈이 부족해서 포기했다. 그리고 조언을 해 주신 건축사분도 아예 바꾸려면 싹 다 바꾸어야지 몇 가지 변화를 주는 것은 오히려 전체적인 통일성을 해친다고 말리셨다.

 그래서 카페 안은 오픈 초기 때의 모습 그대로다. 낡고 색깔이 벗겨진 책상, 한때 아내의 마음을 아프게도 했던 낙서, 삐걱거리는 의자… 모든 것이 그대로다. 창문이나 카페 곳곳에 붙어 있는 포스트잇도 여전히 그 모습이다. 가장 오래된 포스트잇은 2011년도 것도 있다. 10년이 넘게 그 자리에 그대로 붙어 있다니! 카페 중앙에 있는 아일랜드 식탁도, 멋없이 크고 흰 냉장고도 제자리에 있다.

아니,

7년 전이나

지금이나 똑같아요.

  감사하게도 〈산책〉카페에는 이렇게 찐 단골들이 많다. 제주에 놀러 와서 아주 우연하게 방문한 〈산책〉카페를 잊지 못해 재방문하는 분들. 1년 있다가 다시 오기도 하고 3년이 걸리기도 하고 이렇게 7년이 걸리신 분도 있다. 그분들이 이렇게 오랜만에 〈산책〉카페를 방문하면 보통 두 번 놀란다. 한 번은 아직도 망하지 않고 꿋꿋이 장사하는 모습에 처음 놀라고 카페에 들어와서는 예전과 하나도 변하지 않아서 두 번 놀란다.

  하긴 그간 10년 동안 제주는 너무나 많은 것이 변했다. 이곳도 육지와 마찬가지로 사람들이 몰려오고 자본이 들어오면서 무한경쟁의 세계 속으로 빠져들어 갔다. 하루에도 수많은 가게들이 문을 닫고 또 새롭게 문을 연다. 식당을 가든 카페를 가든 확인 전화는 필수가 되었다. 아직도 장사를 하고 있냐는 전화. 나도 수없이 받아봤다. "거기 아직도 영업하세요?"

  내가 이곳 제주에 있는 12년 동안 나와 비슷한 시기에 오픈했던 수많은 가게들이 문을 닫았다. 작지만 자신만의 이야기와 낭만이 있는 가게들이었다. 하지만 자본과 효율성 앞에서는 속수무책이었다. 그리고 그 자리에는 우리가 도저히 상대할 수 없는 엄청난 괴물 같은 것들이 대체되어 나타났다. 시작은 언제나 그렇듯 매출 하락이었다. 그리고 이어서 효율성 문제가 대두되었다. 이것 말고 다른 일을 해 보면 더 괜찮을텐데 하는 생각이 한번 들기 시작하면 그때부터 마음은 요동치듯 흔들리기 시작하는 법이다. 실제 내가 아는 지인들 중에는 이러한 과정을 거쳐 문을 닫은 경우가 대부분이었다.

갑자기 오래된 기억 하나가 떠올랐다. 예전에 〈산책〉건물 옥상에 비가 새서 방수공사를 한 적이 있었다. 작업하는 분을 돕기 위해 나도 부산하게 옥상과 1층을 왔다 갔다 하고 있는데 어떤 사람이 그런 나를 보며 환하게 웃음을 짓고 있었다. 누굴까? 하는 고민과 함께 기억의 저장소에서 온갖 관련된 이미지들을 꺼내놓고 혼란스러워할 무렵, 아! 그 사람이 맞네 하면서 딱 들어맞는 한 사람이 있었다. 맞다. 그 친구였다.

우린 동갑내기였고 비슷한 시기에 제주 입도를 했으며 그 친구는 시내에서 제법 큰 식당을 운영하고 있었다. 우린 환하게 웃으면서 악수를 했다. 정착 초기에는 그 친구도 그렇고 나도 그렇고 고민이 많았는데 이제는 둘 다 제법 안정적으로 이곳 제주에서 살아가고 있다. 같이 이야기를 하면서 7-8년 전의 아득했던 시절이 문득 떠올랐다.

그는 간혹 가게가 쉬는 날이면 시내에서 이곳까지 해안도로를 타고 드라이브를 하면서 〈산책〉카페를 찾는다고 했다. 변하는 제주, 변하는 사람들, 그리고 가게 일의 고단함을 해소하고자 찾는 〈산책〉카페. '이 친구는 그대로일까?' '〈산책〉카페는 여전히 운영 중인가?' 등등을 생각하며 찾아온다고 했다.

방수공사 때문에 많은 이야기를 나누진 못했고 몇 가지 근황들을 묻고 헤어졌는데 밤이 되어 마감 때 〈산책〉카페에 오니 그 친구가 한쪽 구석에 짧은 포스트잇 하나를 남기고 갔다.

"변하지 말자."

시토 수도회 수사들은 다섯 가지 서원을 한다. 청빈, 정결, 순명, 정주, 그리고 행동양식의 변화다... 다섯 가지 서원에서 가장 중요한 것은 정주 서원이다. 정주는 수사를 한 수도 공동체에 묶어 놓는다. 수도회 장상이 수사를 다른 공동체로 보내지 않는 한, 수사는 그가 서원한 수도원에서 살다 죽는다. 어떤 수사가 한 수도원에서 다른 수도원으로 옮기려면 로마 교황청의 특별 허락을 받아야 한다. 정주 서원을 함으로써 수사는 '완전한 수도원'을 찾아 떠돌아다니는 헛된 희망을 포기하게 된다.

<토머스 머튼의 영적일기> 토머스 머튼. 바오로딸. 26-27쪽. 2009년.

착각인지 모르겠지만 이곳 애월 한적한 고내리에서 무인카페 <산책>을 계속 운영하는 것이 하나님 뜻에 맞는 삶이라고 생각한다. 사람이 별로 없는 곳이고 세련된 분위기의 카페는 아니지만 이 직업을 소명으로 생각하고 주어진 나의 일에 충실하는 것이 주님께서 원하시는 삶이라고 생각하는 것이다. 그래서 나 또한 가톨릭 수사처럼 이리저리 눈을 돌리고 더 좋고, 더 돈을 많이 버는 것으로 내 관심을 기울이지 않는다. 주님께서 허락만 하신다면 난 평생 이 일만 하다가 죽는 것이 내 작은 소원이기도 하다.

불행인지 다행인지 나는 변변한 기술도 하나 없다. 할 줄 아는 것이 없어서 작은 무인카페를 운영하는데 딱 맞는 적임자이다. 아마 좋은 기술 하나 더 가지고 있었다면 내 마음속 소원이 아무리

강해도 좀 더 효율적인 것으로 바꾸어 보겠다고 진작 〈산책〉카페를 문 닫고 새로운 것을 시도해 봤을지도 모른다. 주님은 어쩜 이렇게 나에게 딱 맞는 것을 주셨을까? 너무 많은 달란트와 큰 임무를 맡겨 주셨다면 부담감 백배, 천배 되어서 제대로 행복하게 살아가지도 못했을 텐데 이렇게 내 작은 그릇을 아시고 그에 맞는 것을 주셔서 너무나 행복하게 사명을 잘 감당하고 있다.

문득 그 친구가 써 놓고 간 포스트잇이 생각났다.

변하지 말자.

아니,
변할 수도 없다!

산책아 사랑해

누구나 그렇듯 나에게도 이름이 있다.

김기철

솔직히 썩 마음에 들지는 않지만 오십이 넘도록 지금도 필요할 때마다 쓰고 있다. 나와 수많은 타인을 구별하는 이름, 그 석 자. 물론 같은 이름이 많이 있지만 그 앞에 주민등록번호를 넣으면 전 세계에서 유일한 한 명으로 특정된다. 오늘도 난 아주 중요한 일에 내 이름을 적어 냈다. 코로나 국민지원금 신청서에 내 이름을 적고 주민번호를 적어 넣으니 컴퓨터가 나를 기가 막히게 구별해서 분류해 놓았다.

나에게는 김기철 이란 이름 말고 또 하나의 이름이 있다. 바로 〈산책〉이다. 무인카페 〈산책〉을 운영하면서 붙여진 이름이다. 제주 관련 온라인 카페를 운영하면서도 난 〈산책〉이라는 이름을 그대로 갖다 썼다. 사람들은 나를 그렇게 '김기철' 대신 편하게 〈산책〉이라고 불렀다.

> 산책아
> 사랑해
> 2017년 12월 18일, 〈산책〉 포스트잇

〈산책〉카페에서 어린아이들은 날 친구로 생각하고 부를 때가 많다. 카페 내에 내가 답글을 달아놓은 것을 보고 아이들은 나에게 말을 건다. 사랑한다고 한다. 〈산책〉을 꼭 안아 주고 싶다는 아이도 있다. 그러면 나는 그 순간 '김기철'에서 〈산책〉이 된다. 묘한 감정의 전이가 이루어진다. 때론 헷갈릴 때도 있다. 내가 김기철인지 〈산책〉인지, 아니면 〈산책〉카페가 나인지.

예전에 교회에 있는데 권찰님 한 분이 갑자기 "기철아~"하고 부른 적이 있었다. 그때 너무 당황했던 기억이 있다. 수십 년 동안 들어왔고 불려 왔는데 이곳 제주에서 막상 그 이름을 들으니 어색하기만 하다. 솔직히 내 마음 깊은 곳에 '김기철'이란 이름 석 자를 잊고 싶어 했는지도 모르겠다. 돌아보면 40년간 치열하고 열심히 살았던 서울에서의 삶이고 그건 김기철이라는 이름으로 살아왔던 수많은 시간들인데 생각하면 할수록 후회의 감정만이 밀려온다. 다시 지울 수만 있다면 깨끗이 지우고 새롭게 살아보고 싶다는 생각이 든 것이 한 두 번이 아니었다. 하지만 그럴 순 없다. 난 그 삶 역시 내 마음 한쪽에 고이 간직한 채 평생을 살아가야 한다. 그러면서 이곳 제주에서 새롭게 다짐을 한다.

> 이제 후로는 네 이름을 아브람이라 하지 아니하고
> 아브라함이라 하리니
> 창세기 17:5, 개역한글

정확히 마흔 살에 서울을 떠나 이곳 제주로 이주했다. 성경에서 40이라는 숫자는 꽤 의미가 있어 보인다. 애굽에서 탈출한 이스라엘 민족은 바로 가나안으로 들어가지 못하고 40년 동안 광야에서 헤맸으며 모세는 마흔 살까지 궁정에 있다가 미디안 광야로 쫓겨나 40년을 광야에서 양을 치며 세월을 보냈다. 나에게도 40년은 그와 비슷했다. 거역하고 반역하며 보낸 시간들. 그리고 후회의 시간들. 하지만 모든 시간이 끝나고 난 결국 하나님을 의지하며 용기

있게 제주에 왔다.

그리고 이곳에서 무인카페 〈산책〉을 오픈하고 하나님은 비로소 나를 김기철 대신 〈산책〉이라고 바꿔 불러주셨다. 그래서 난 산책이라는 이름이 참 좋다. 사람들이 나를 그렇게 불러주는 것이 좋다. 요즘은 그런 생각을 간혹 할 때가 있다. 과연 산책처럼 산다는 것이 무엇일까? 하나님은 이곳 제주에서 나에게 어떤 삶을 살기를 바라시는 것일까?

가볍게 살아라
편안하게 살아라
두 주먹 불끈 쥐고 죽어라 달리지 말고
나를 의지하며 산책하듯 살아라

주님께서 나에게 이곳 제주에서 새로운 이름을 주셨듯이 이젠 그에 맞는 삶을 살아가고 싶다. 주님께서 주신 이름을 부끄럽게 만들고 싶지 않다. 난 정말로 산책처럼 살아가고 싶다. 그것은 나에게 있어 이 해안도로의 치열한 경쟁 속에서도 산책하듯 살아가는 것이고 얼마 안 되는 손님과 작은 매출 속에서도 자족하며 감사하면서 살아가는 것이다. 또 무인카페라서 아무렇게나 함부로 이용하는 손님도 이해할 수 있어야 하고 돈을 제대로 안 내고 가는 손님들 역시 웃으면서 넘어갈 수 있어야 한다. 왜? 주님께서 나에게 <산책>이라는 이름을 주셨으니까. 물론 아직도 모난 부분이 많이 있다. 아마 내 삶, 전 생애를 걸쳐 꾸준히 갈고 닦아야 할 부분이다. 하지만 신기하게도 시간이 흐를수록 난 점점 김기철을 잊고 <산책>이 되어가고 있다.

에필로그

 방금 〈산책〉카페를 마감하고 집에 들어왔습니다. 마치 여태 참았던 것처럼 비가 내리기 시작했습니다. 지붕 위로 떨어지는 빗소리가 제법 크게 들릴 정도로 쏟아집니다. 비가 내리는 밤을 저는 참 좋아합니다. 특히 밤에 내리는 겨울비를 좋아합니다. 밖은 춥고 바람이 불며 비가 오는데 집안은 따뜻하고 안락합니다. 고단한 하루를 마감하고 마치 주님 품에 안겨 편안하고 안전하게 쉬는 느낌입니다.

 문득 예전 생각이 났습니다. 서울을 떠나 낯선 제주에서 정착하기 위해 애쓰던 그 시절 말입니다. 별다른 단열재 없이 건축된, 그래서 유난히 겨울이 되면 추웠던 농가주택에서 우리 세 식구는 그나마 보일러 기름을 아낀다고 한방에서 다닥다닥 붙어 자던 시절이 있었습니다. 그때, 그 겨울밤에도 차가운 겨울비가 내렸습니다. 유리 창문은 바람에 덜컹거리고 지붕은 빗소리로 타닥타닥 울며 보채고 있을 때 우린 무엇이 그렇게 좋은지 깔깔대면서 웃고 있었습니다.

조금 시간이 지났을까. 딸아이도 잠에 빠지고 아내 역시 깊은 잠이 들어 주위의 모든 것이 조용해졌을 때 따뜻한 방안에 누워 가만히 생각했습니다. 여전히 부족하고 풍족하지 않은 제주의 삶이었지만 제주도 이주 후 3년간의 마이너스를 막 벗어난 시점이었습니다. 그리고 그간의 어려움 속에서도 내가 좋아하는 〈산책〉카페 일을 계속했고 주님을 깊게 사랑했던 시절이었습니다.

그냥. 이렇게 아침이 되어서도
잠이 깨지 않고 주님을 보러 가도 여한이 없겠다.

12년 전, 하나님은 작은 샘물에서 두 손을 모아 물을 뜨듯 서울에서 우리 세 식구를 가만히 떠서 낯선 이곳 제주로 옮겨 놓으셨습니다. 그리고 내 앞에 살며시 무인카페 〈산책〉을 놓아주셨습니다. 지난 12년간 저는 늘 산책과 함께 있고, 같이 이야기하고 같이 놀았습니다. 언제나 그 모습을 흐뭇하게 바라보시는 주님은 간혹, 아주 간혹 저에게 물었습니다.

        그렇게 〈산책〉이 좋으니?

        네, 전 좋아요.

    너가 〈산책〉을 좋아해서 나도 참 좋다.

  오늘 밤에도 밖에는 차가운 겨울비가 내리고 있습니다. 잠깐 그치는가 싶더니 다시 세차게 내리기 시작합니다. 1100도로 전 구간은 체인을 장착해야 통행할 수 있고 5.16도로 일부 구간에는 결빙된 곳이 있을 거라는 안내 문자가 조용한 집안에 울려 퍼졌습니다. 거실에 혼자 있던 저는 예전과 마찬가지로 떨어지는 빗소리를 들으며 잠시 깊은 생각에 잠깁니다.

  사람이 무엇이기에 주님께서 이렇게까지
  생각하여 주시며,

사람의 아들이 무엇이기에 주님께서 이렇게까지
돌보아 주십니까?
시편8:4, 새번역

12년의 긴 세월 동안 주님은 내가 산책과 함께 한 시간을 늘 지켜보셨습니다. 주님은 내가 없는 수많은 시간 동안에도 이 무인 카페 〈산책〉을 두 눈 뜨고 지켜보고 계셨습니다. 여러 가지 세상살이 걱정에 한숨 쉬고 있을 때도 옆에 계셨고, 예기치 않은 일에 놀라면서 기뻐할 때도 나를 바라보며 흐뭇해하셨습니다.

맞습니다. 그분은 늘 저와 함께 앞으로도 계속 애월에서
산책하실 것입니다.

제주에서 산책

김 기 철